Hochbegabung bei Kindern erkennen und begleiten

Liebe Leserinnen, liebe Leser!

Kita-Kinder sind wissbegierig und lassen sich schnell begeistern. Jeden Tag erschließen sie sich neues Wissen und erwerben neue Kompetenzen. Dabei zeigen sie auch thematische Vorlieben und Interessen. Eltern sind stolz auf alles, was ihr Kind erschafft, und auch Fachkräfte beobachten diese Energieleistungen der Kinder mit großer Freude und lassen sich gerne von ihrer Begeisterung zu spannenden Projekten anstiften. – So weit liest sich die Beschreibung des Kita-Alltags leicht und beschwingt. Doch wenn Fachkräfte über Kinder sprechen, die als hochbegabt gelten, tauchen plötzlich Fragen und Bedenken auf: Darf man ein Kita-Kind so bezeichnen? Braucht es überhaupt Förderung oder sollte es nicht einfach Kind sein dürfen? Ist nicht jedes Kind auf eine besondere Weise begabt?

Dass dem Thema Hochbegabung über lange Zeit das Stigma der Eliteförderung anhing, es auch heute noch mit vielen Vorurteilen behaftet und in der Aus- und Fortbildung von pädagogischen Fachkräften kaum präsent ist, tut Kindern mit besonderen Begabungen nicht gut. Denn in erster Linie sind sie erst einmal wie alle anderen Kinder: Sie wollen die Welt erkunden und verstehen, wie eins mit dem anderen zusammenhängt. Sie begeistern sich für manche Themen so sehr, dass sie jede Gelegenheit nutzen, sich damit – hoch engagiert – zu beschäftigen. Und sie wollen mit ihren Bedürfnissen ernst genommen und in ihrem „Sosein" angenommen werden.

Ja, es stimmt: Im Kita-Alter sollte noch zurückhaltend mit der Zuschreibung „hochbegabt" umgegangen werden. Deshalb sprechen wir in diesem Sonderheft auch von Kindern mit besonderen oder hohen Begabungen. Wir erklären, warum das so ist und weshalb es trotzdem wichtig ist, dass sich Fachkräfte mit den spezifischen Lernbedürfnissen dieser Kinder auseinandersetzen. Darüber hinaus ist Begabungsförderung zunächst einmal individuelle Förderung, denn auch besonders begabte Kinder sind nicht alle gleich. Wir zeigen, wie individuelle Förderung die Voraussetzungen dafür schafft, dass besonders begabte Kinder ihre „Leidenschaften" entdecken und ihre Potenziale von Fachkräften erkannt werden, und wie diese besonders begabte Kinder in der Entfaltung ihrer Potenziale unterstützen können.

Christine Koop & Nadine Seddig

Christine Koop ist Diplom-Psychologin sowie Kinder- und Jugendlichenpsychotherapeutin (VT). In der Karg-Stiftung leitet sie das Ressort Beratung und verantwortete über zehn Jahre das Kita-Ressort der Stiftung. Sie verfügt über mehrjährige Praxis in der Beratung von Eltern hochbegabter Kinder und der Einrichtungsberatung.

Dr. Nadine Seddig ist Erziehungswissenschaftlerin und promovierte zum Übergang von der Kita in die Schule aus der Perspektive von Kindern. Sie leitet in der Karg-Stiftung das Ressort Kita. Ihre Arbeitsschwerpunkte umfassen Themen rund um die Qualifizierung pädagogischer Fachkräfte im Bereich der frühen Begabungs- und Begabtenförderung in Kindertageseinrichtungen.

Inhaltsverzeichnis

DIE KARG-STIFTUNG

Auftrag der 1989 gegründeten Karg-Stiftung ist die Förderung des hochbegabten Kindes in Kita, Schule und Beratung. Nah am Menschen und dem Bildungsalltag sucht sie gute Ideen und begleitet praxisnah auf neuen Wegen in der Begabtenförderung.

Sie klärt den Bedarf, knüpft Netzwerke und entwickelt Konzepte. Sie berät, informiert und qualifiziert in der Begabtenförderung. Gemeinsam mit Politik, Wissenschaft und Praxis gestaltet sie so ein allseits gerechtes Bildungssystem. Denn dieses ermöglicht auch Kindern und Jugendlichen mit hohem intellektuellem Potenzial die Entwicklung ihrer Persönlichkeit.

I

Begabung und Hochbegabung – was ist das?

Pädagogischen Fachkräften stellen sich, wenn sie mit dem Thema konfrontiert sind, viele Fragen: Lässt sich bei Kindern im Kita-Alter überhaupt von Hochbegabung sprechen? Welche Merkmale und Verhaltensweisen liefern verlässliche Hinweise? Kommt es vor allem auf eine hohe Intelligenz an oder spielen auch andere Faktoren eine Rolle?

1. Begabung als Leistungspotenzial

Da die Begriffe „Begabung“ und „Hochbegabung“ vielfältig verwendet werden, ist es für pädagogische Fachkräfte zunächst wichtig, sich darüber zu verständigen, was sie damit meinen, wenn sie darüber sprechen. Auch wir wollen das als Erstes tun. Eine Herausforderung besteht dabei darin, dass sich die meisten Hochbegabungsdefinitionen und -modelle nur eingeschränkt auf Kinder unter 6 Jahren anwenden lassen. Zumindest scheint es erforderlich, sie vor dem Hintergrund entwicklungspsychologischer Aspekte des frühen Kindesalters zu reflektieren und hinsichtlich zentraler Fragen des Erkennens und Förderns auf die Altersspezifik hin anzuwenden. Wir beginnen daher mit einem kurzen Exkurs in die Theorie, bevor wir uns den spezifischen Fragen des Kita-Alters widmen.

Theoretisch kann Begabung jede erdenkliche Ausprägung annehmen, sie kann sehr gering oder auch sehr hoch ausgeprägt sein. Meistens jedoch wird der Begriff genutzt, um Menschen zu beschreiben, denen ein hohes Potenzial für eine sehr erfolgreiche Leistungsentwicklung in einem oder mehreren Bereichen (Domänen) zugetraut wird. Der Begriff „hochbegabt“ bezeichnet in diesem Sinne dann Personen mit einem besonders hoch ausgeprägten leistungsbezogenen Entwicklungspotenzial (vgl. Preckel/Vock 2013). Diese Definition ist recht abstrakt und führt daher zu der Frage, was genau darunter zu verstehen ist und woran eine Hochbegabung erkannt werden kann. Zwei Aspekte erschweren eine Antwort darauf: Zum einen kann das, was eine Hochbegabung ausmacht, nicht direkt beobachtet werden; vielmehr müssen wir es uns aus Beobachtungen erschließen. Doch welche Merkmale und Verhaltensweisen eines Kindes liefern verlässliche Hinweise auf eine Hochbegabung? Und ab welchem Alter? Zum anderen kann eine hohe Begabung nicht durch ein einzelnes Merkmal beschrieben werden, z. B. eine hohe Intelligenz. Vielmehr ist es so, dass sie durch ein ganzes Bündel von Fähigkeiten und Persönlichkeitseigenschaften beeinflusst ist. So spielt beispielsweise bei einer musikalischen Begabung nicht nur eine besondere Musikalität eine Rolle, sondern auch ein hohes Maß an Anstrengungsbereitschaft, etwa beim Üben eines Instruments. Und ein zeichnerisches Talent ist nicht nur von einer außergewöhnlichen visuellen Wahrnehmungsfähigkeit beeinflusst, sondern erfordert auch eine sichere Auge-Hand-Koordination oder die Fähigkeit, sich Gegenstände aus unterschiedlichen Perspektiven vorstellen zu können.

Mit Blick auf das noch junge Alter von Kita-Kindern stellt sich eine weitere Frage: Anders als beispielsweise in der Schule wird das Lernen von Kindern in der Kita kaum unter der Kategorie „Leistung“ betrachtet. Wenn nun aber Begabung das leistungsbezogene Entwicklungspotenzial eines Menschen ist und Hochbegabung eine besonders starke Ausprägung davon – was können wir dann für die Altersgruppe der Kita-Kinder unter „Leistung“ verstehen?

Leistung im Kita-Alter

Pädagogische Fachkräfte beobachten es täglich, Eltern auch: Kinder erschließen sich unermüdlich ihre Umwelt, wollen den Dingen auf den Grund gehen, sie – zunächst im eigentlichen Wortsinn – begreifen und verstehen. Sie sind neugierig, stellen Fragen und wollen vieles selbst ausprobieren. Sie haben Spaß daran zu erproben, wie viel sie schon können, und sind dafür mitunter bereit, sich gehörig anzustrengen. Bei sehr jungen Kindern, etwa im Krippenalter, können wir Neugier und Lernbereitschaft am Explorationsverhalten ablesen. Dieses ist noch sehr situativ bestimmt: Die Kinder erkunden das, was sie in ihrer näheren Umgebung vorfinden. Ihre Aktivität ist abhängig davon, wie sicher sie sich bei ihren Bezugspersonen (Eltern, Fachkräfte) aufgehoben fühlen.

> Hochbegabung kann nicht durch ein einzelnes Merkmal beschrieben werden.

Mit ca. 3 Jahren erreicht die kindliche Neugier eine neue qualitative Stufe. Kinder streben nun immer zielgerichteter danach, ihren Wissensstand zu erweitern. Durch den Erwerb der Sprache können sie jetzt auch Fragen stellen. Ihr Erkundungsverhalten wird dauerhafter und stabiler. So erweitern sie nach und nach ihr Wissen in den verschiedensten Bereichen. Einige Kinder entwickeln dabei bereits spezifische Interessen oder Vorlieben. Ein weiterer wichtiger Entwicklungsschritt ist, dass Kinder im Vorschulalter beginnen, Freude am eigenen Können und der eigenen Tüchtigkeit zu entwickeln. Sie wollen gezielt herausfinden, ob ihnen etwas (schon) gelingt, wollen Dinge „selber machen" und empfinden Freude und Stolz, wenn sie dabei erfolgreich sind. In der Entwicklungspsychologie spricht man davon, dass sich eine Leistungsmotivation (vgl. Lehwald 2017) entwickelt.

Der Begriff „Leistung" bezieht sich demnach bei Kita-Kindern zunächst noch nicht so sehr auf messbare Kriterien. Anders als etwa bei Schulkindern spielen externe Bewertungskriterien (z. B. Schulnoten, Rangplätze) für die Ergebnisse ihres Schaffens keine und der Vergleich mit anderen noch eine nachgeordnete Rolle. Es kommt eher auf individuelle Fortschritte an, auf das Erleben der eigenen Wirksamkeit oder von Erfolg bei Anstrengung: Kinder freuen sich daran, dass sie etwas wissen oder können, was sie zuvor noch nicht konnten. Zudem erfahren sie, dass Anstrengung mit neuem Können „belohnt" wird. „Leistung" bezeichnet hier also den Erwerb neuer Kompetenzen, die Erweiterung des Wissens oder des eigenen Handlungsspielraums und das Erleben der eigenen Tüchtigkeit. Am besten lässt sich „Leistung" im Kita-Alter daher mit der Erprobung und Erweiterung der eigenen Fähigkeiten und Fertigkeiten in Zusammenhang bringen. Kinder mit einem hohen Leistungspotenzial zeigen dabei ein besonders hohes Engagement, machen besonders schnell Lernfortschritte und erweitern sehr rasch ihre Kompetenzen.

Die Rolle der Intelligenz

In den meisten Hochbegabungsmodellen ist die Intelligenz eine zentrale Komponente, insbesondere dann, wenn es um die Beschreibung von hohen kognitiven Begabungen im Bereich Sprachen, Mathematik oder Naturwissenschaften geht. Aber auch für andere Begabungsbereiche wie z. B. Musik oder Sport werden spezifische kognitive Fähigkeiten als bedeutsam erachtet. Denn: Intelligenz gilt als Maß der allgemeinen Lernfähigkeit. Sie hilft uns, Dinge zu verstehen, einmal Gelerntes auf neue Situationen zu übertragen sowie praktische wie abstrakte Probleme zu lösen. So betrachtet ist eine hohe Intelligenz in jedem Lerngebiet hilfreiche Voraussetzung für außergewöhnliche Leistungen. Im Zusammenhang mit der Erklärung außergewöhnlicher kognitiver Begabungen ist sie von hoher Bedeutung.

In Bezug auf die kindliche Entwicklung lässt sich das anschaulich am Beispiel einer beeinträchtigten Entwicklung kognitiver Funktionen verdeutlichen: Kinder mit Einschränkungen in der Entwicklung des sprachlichen Gedächtnisses und der Geschwindigkeit der verbalen Informationsverarbeitung haben häufiger auch Schwierigkeiten beim Erlernen des Lesens und Schreibens. Und ohne das Erkennen von Zusammenhängen im Umgang mit Zahlen ist die Entwicklung mathematischer Basiskompetenzen wie Zählfertigkeiten oder die Fähigkeit zur Mengenunterscheidung beeinträchtigt (vgl. Schneider/Niklas 2017). Eine hohe Intelligenz kehrt die Vorzeichen um: Sie stellt eine förderliche Entwicklungsbedingung dar und erleichtert den Erwerb von neuem Wissen und Können. Dass die Intelligenz für so viele verschiedene Lernbereiche von großer Bedeutung ist, hängt damit zusammen, dass sie sich aus zahlreichen Teilfähigkeiten zusammensetzt. Dabei gibt es einige, die für die meisten Denkprozesse von Bedeutung sind (z. B. das Arbeitsgedächtnis oder die Verarbeitungsgeschwindigkeit), andere sind spezifischer und beeinflussen das Lernen in bestimmten Bereichen stärker als in anderen (z. B. beeinflusst die numerische Intelligenz die mathematischen Leistungen oder die Merkfähigkeit für Tonmuster die musikalischen Leistungen).

> Intelligenz gilt als Maß der allgemeinen Lernfähigkeit.

WAS IST INTELLIGENZ?

Intelligenz wird als allgemeine geistige Kapazität aufgefasst, die die Fähigkeit zum schlussfolgernden und abstrakten Denken, zum Planen und zur Problemlösung umfasst (vgl. Gottfredson 1997 in Rost 2013, S. 16). Sie umfasst somit Aspekte der allgemeinen Lernfähigkeit, d. h., wie schnell und gut jemand aus gemachten Erfahrungen lernt. Intelligenz ist daher mehr als Wissen und bloßes Auswendiglernen. Sie ist die Voraussetzung dafür, dass Menschen über einzelne Situationen hinaus Erkenntnisse gewinnen können, um sich im Sinne eines tieferen Verständnisses Zusammenhänge in ihrer Umwelt zu erklären und nutzbar zu machen.

FAKTOREN VON HOCHBEGABUNG

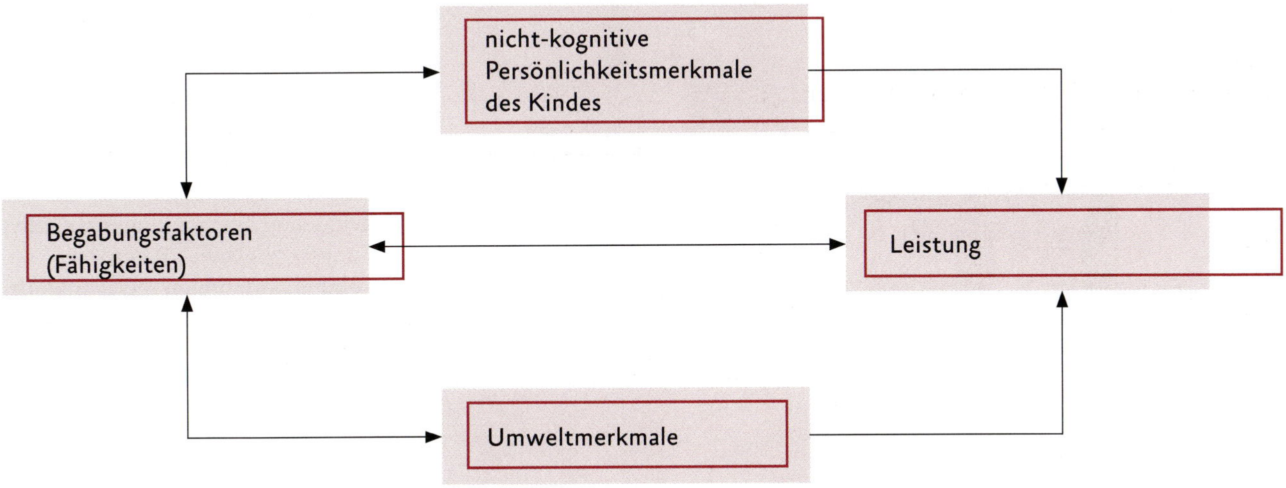

Die Grafik ist eine vereinfachte Darstellung des Münchner Hochbegabungsmodells von Heller und Mitarbeitern (Heller et al. 1994, zitiert nach Preckel/Vock 2013, S. 25)

Trotz dieser großen Bedeutung von Intelligenz in Hochbegabungsmodellen muss ihre Rolle für die Diagnostik wohlbedacht sein. So, wie die Hochbegabungsmodelle weitere Faktoren als einflussreich beschreiben, sollte auch die Diagnostik auf verschiedene Informationen zurückgreifen. Manche diagnostischen Fragen lassen sich nur unzureichend auf der Basis eines Intelligenztests beantworten (z. B. die nach der konkreten pädagogischen Ausgestaltung von Fördermaßnahmen). Dies gilt in besonderem Maße für Kita-Kinder, wie wir noch weiter ausführen werden (siehe Kapitel III.4).

Faktoren für die Begabungsentfaltung

Für die Entfaltung von besonderen Begabungen spielen viele verschiedene Faktoren eine Rolle. Aufseiten des Kindes sind dies zum einen genetische Anlagen und Dispositionen, die es in einem Begabungsbereich bzw. einer Domäne mitbringt. Damit sind angeborene Anteile gemeint, die jedoch die weitere Entwicklung nur im Sinne einer spezifischen Ressource begünstigen, sie jedoch nicht festlegen. Denn viele genetisch veranlagte Potenziale werden erst durch Umweltfaktoren aktiviert. Dennoch kann nicht bestritten werden, dass besondere Begabungen durch genetische Einflüsse begünstigt werden. Im Falle hoher intellektueller Begabungen konnte die Forschung zeigen, dass Intelligenzunterschiede zwar zu einem erheblichen Teil (ca. 40–60 %) genetisch bedingt sind (Preckel/Vock 2013; Rost 2013); im Umkehrschluss heißt das aber auch, dass es viele weitere Faktoren – vor allem Umweltbedingungen – gibt, die einen wichtigen Beitrag zu ihrer Erklärung leisten.

> Besondere Begabungen werden durch genetische Einflüsse begünstigt.

Aufseiten des Kindes kommen zudem weitere Persönlichkeitsmerkmale hinzu, die die Begabungsentfaltung begünstigen. Das betrifft beispielsweise die Frustrationstoleranz, d. h., wie gut ein Kind Rückschläge beim Erwerb neuer Kompetenzen verkraftet, Mut und Fertigkeiten, auch schwierige Herausforderungen etwa durch den Einsatz von Lern- und Arbeitstechniken zu meistern, Beharrlichkeit, eine positive Selbstwirksamkeitsüberzeugung u. Ä. Hierbei ist zu beachten, dass sich diese Persönlichkeitsmerkmale eines Kindes nicht unabhängig von seinen Fähigkeiten entwickeln. Eine hohe Begabung in einem oder mehreren Bereichen begünstigt natürlich auch positive und erfolgreiche Lernerlebnisse, die sich in einer Art Spirale förderlich auf die genannten Merkmale und diese sich wiederum auf die Begabung auswirken.

Sortieren setzt Kategorisieren voraus – keine leichte (Denk-)Aufgabe

Schließlich spielen Umweltmerkmale eine bedeutsame Rolle. Damit sind familiäre Faktoren, das Lernklima und die Lerngelegenheiten in der Kindertageseinrichtung (sowie später der Schule), aber auch gesellschaftliche Einflüsse gemeint. Auch sie können die Entfaltung von Begabungen hemmen oder fördern. Und auch zwischen den Umweltfaktoren und den Fähigkeiten eines Kindes gibt es eine Wechselwirkung, denn das Kind gestaltet beispielsweise durch seine Reaktion auf Lernangebote in der Kita seine Umwelt auch mit (siehe Kapitel I.2). Es wählt Spielpartner*innen, die zu seinen Interessen und Fähigkeiten passen, oder erbittet von den Eltern die Möglichkeit für bestimmte Freizeitangebote. Die Grafik auf Seite 7 veranschaulicht die beschriebenen Einflussfaktoren. An ihrem Zusammenspiel wird deutlich, dass eine besondere Begabung „nicht lediglich ein vorgegebenes Potenzial, sondern (…) eine Entwicklungsaufgabe (…) (ist), deren Bewältigung nicht zuletzt eine fördernde Umwelt erfordert“ (Rohrmann/Rohrmann 2017, S. 30).

2. Begabung im Kita-Alter

Kinder gleichen Alters entwickeln sich in sehr jungen Jahren unterschiedlich schnell. Die Zeitfenster, die für das erfolgreiche Absolvieren bestimmter Entwicklungsschritte als „normal“ gelten, sind entsprechend weit gefasst. Wie unterscheidet man nun zwischen Entwicklungsvorsprüngen und hohen Begabungen? Bevor wir uns der Frage widmen, an welchen Merkmalen eine hohe Begabung erkannt werden kann, wollen wir daher zunächst den Begriff „Begabung“ hinsichtlich der Möglichkeiten, aber auch der Grenzen seiner Anwendung für das Kita-Alter noch etwas genauer beleuchten (vgl. Koop/Seddig 2021; Koop/Seddig 2020).

Die Begabung (oder das Leistungspotenzial) eines Kindes ist nichts Gleichbleibendes. Sie setzt sich aus verschiedenen Faktoren zusammen, die sich im Laufe der Zeit verändern. Zudem steht sie unter dem Einfluss von Lernprozessen. Bei Kita-Kindern verläuft die Entwicklung noch sehr dynamisch. Eine beschleunigte Entwicklung eines Kindes in einem oder mehreren Bereichen muss nicht zwingend auf eine Hochbegabung hinweisen, sondern kann auch Ausdruck eines zeitweisen Entwicklungsvorsprungs gegenüber Gleichaltrigen sein. Für Kita-Kinder gilt daher ganz besonders zu beachten, dass wir den individuellen Entwicklungsstand ihrer leistungsbezogenen Potenziale nur für einen bestimmten Zeitpunkt beobachten können. Wir können daraus Vermutungen zur weiteren Entwicklung der Kinder ableiten. Diese ist aber nicht festgelegt, sondern wird von vielen Faktoren beeinflusst. Um verlässlichere Aussagen machen zu können, ist es wichtig, die Fähigkeitsentwicklung von Kindern regelmäßig über einen längeren Zeitraum zu beobachten und einzuschätzen.

Viele der Fähigkeiten und Persönlichkeitseigenschaften, die für die Entwicklung einer hohen Begabung und das Entfalten spezifischer Talente erforderlich sind, bahnen sich im Kita-Alter erst an. Das bedeutet aber auch, dass gerade in dieser Zeit wichtige Weichen dafür gestellt werden können, ob Kinder begabungsförderliche Persönlichkeitsmerkmale ausbilden. So beeinflusst beispielsweise

> Die Bedingungen in Familie und Kita beeinflussen die Begabungsentwicklung.

die Umwelt, in der Kinder aufwachsen, die Entwicklung ihres Leistungspotenzials (siehe dazu auch die Grafik auf Seite 7). Das gilt umso mehr, je jünger die Kinder sind. Der Familie und der Kindertageseinrichtung kommen daher eine besondere Bedeutung zu, da die Kinder an beiden Orten sehr viel Zeit verbringen. Die

Bedingungen in Familie und Kita beeinflussen die Begabungsentwicklung: sie können sie begünstigen oder erschweren. Kinder, die auf zahlreiche Anregungen für ihr Lernen treffen und darin ermuntert werden, sich vielfältig auszuprobieren, haben eine größere Chance herauszufinden, worin sie gut sind und was ihnen besondere Freude bereitet – beide Aspekte bilden einen wichtigen Antrieb für die weitere Begabungsentwicklung.

REFLEXIONSFRAGEN FÜR PÄDAGOGISCHE FACHKRÄFTE

Tauschen Sie sich im Team einmal dazu aus, wie Ihr persönliches Bild von hochbegabten Kindern aussieht.

- Was, denken Sie, macht diese Kinder aus?
- Wie ist Ihr Bild von hochbegabten Kindern entstanden?
- Welche Rolle spielt dabei die Darstellung des Themas in den Medien (Tageszeitungen, Filme, Romane etc.)?
- Wo gab es in Ihrer Biografie Berührungspunkte mit hochbegabten Menschen bzw. dem Thema Hochbegabung?

Begabung ist nicht gleich Begabung

Begabung kann in unterschiedlichen Bereichen auftreten, z. B. auf kognitivem, sprachlichem, musisch-kreativem oder sportlichem Gebiet. Dabei sind die Merkmale, die eine besondere Begabung ausmachen, von Bereich zu Bereich unterschiedlich (siehe Kapitel II). Der Zeitpunkt, zu dem sich besondere Begabungen zeigen können, wird auch vom Alter des Kindes und seinem allgemeinen Entwicklungsstand beeinflusst. Sprachliche Begabungen lassen sich beispielsweise nicht vor dem vollständigen Erwerb der Sprache beobachten, sportliche oder musische Begabungen sind auch abhängig von körperlichen Voraussetzungen. In bestimmten Domänen kann sich ein besonderes Potenzial daher auch erst im Grundschul- oder gar Jugendalter zeigen. Dennoch können auch im Kita-Alter bereits Anhaltspunkte für besondere Begabungen beobachtet werden, z. B. wenn sich Kinder spontan und eigenmotiviert mit besonderem Interesse einem Bereich zuwenden, sich eingehend mit ihm beschäftigen und durch die intensive spielerische Beschäftigung oder gar eine zielgerichtete Instruktion schnell ihre Kompetenzen erweitern (vgl. Preckel 2021). Die Frage, ob ein Kind besonders begabt ist, lässt sich also weder pauschal noch zu einem bestimmten Zeitpunkt für den gesamten Lebensverlauf beantworten. Vielmehr sollten pädagogische Fachkräfte danach schauen, wofür ein Kind möglicherweise besonders begabt ist. Das erweitert den Blick auf den Entwicklungsverlauf des Kindes und wird dem Begabungskonzept insgesamt gerechter.

Aktive Rolle des Kindes

Die Entwicklung eines Kindes ist immer stark durch Merkmale seiner Lebensumwelt beeinflusst. Dennoch darf nicht vergessen werden, dass das Kind selbst eine aktive Rolle in dieser einnimmt. Kinder steuern auch aus eigenem Antrieb ihre Entwicklung; das entspricht dem menschlichen Grundbedürfnis nach Autonomie und Selbstverwirklichung. Es sind daher auch Persönlichkeitsmerkmale der Kinder, die beeinflussen, wie aktiv sie die sich ihnen bietenden Gelegenheiten zur Entfaltung ihrer Potenziale nutzen. Sie gestalten durch ihre Reaktionen auf Lernangebote ihre Entwicklung aktiv mit. Sie engagieren sich mehr oder weniger, z. B. durch Anstrengung oder Ausdauer, für ihre Begabung. Besonders begabte Kinder zeichnen sich häufiger dadurch aus, dass sie einem sie interessierenden Themengebiet mit unermüdlicher Energie nachgehen, alles dazu in Erfahrung bringen möchten und jede Gelegenheit nutzen, sich damit zu beschäftigen. Dieser Selbstgestaltungsfähigkeit kommt mit fortschreitender Begabungsentwicklung eine immer wichtigere Rolle zu, weshalb ihr auch in den Förderkonzepten viel Raum gegeben und selbstbestimmtes Lernen gezielt gefördert werden sollte (siehe dazu auch Kapitel IV.2).

II

Kinder mit hoher kognitiver Begabung

Unabhängig davon, ob es um Sprache, Mathematik oder Naturwissenschaften geht – es ist vor allem die Kombination aus einem besonderen Interesse und Engagement eines Kindes bei gleichzeitig schneller Auffassungsgabe, außergewöhnlicher Merkfähigkeit und rasantem Kompetenzzuwachs, die auf eine hohe Begabung hinweisen kann.

1. Was sind typische Merkmale?

Die Frage danach, was eine Hochbegabung ausmacht, ist nicht durch eine einfache Checkliste zu beantworten. Zum einen haben wir bereits beschrieben, dass eine Hochbegabung in unterschiedlichen Bereichen (Domänen) vorliegen kann. Da hohe Leistungen in jeder Domäne durch andere Fähigkeiten begünstigt werden, unterscheidet sich auch, woran jeweils eine besondere Begabung für diesen Bereich zu erkennen ist. Zum anderen unterscheiden sich auch hochbegabte Menschen voneinander. Ähnlich wie Geschwister haben sie individuell verschiedene Persönlichkeitseigenschaften. Beispielsweise können zwei mathematisch besonders begabte Kinder ganz unterschiedliche Wesenszüge haben; sie unterscheiden sich von anderen Kindern zunächst vor allem durch ihre Fähigkeiten im Bereich der Mathematik. Dennoch wollen wir hier versuchen einzugrenzen, was eine hohe Begabung im Kita-Alter ausmacht. Einen Schwerpunkt legen wir dabei auf den Bereich der kognitiven Begabung, auch weil sich darum besonders viele Vorurteile ranken.

Unabhängig davon, ob es um Sprache, Mathematik oder Naturwissenschaften geht – es ist vor allem die Kombination aus einem besonderen Interesse und Engagement eines Kindes bei gleichzeitig schneller Auffassungsgabe und rasantem Kompetenzzuwachs, die auf eine hohe Begabung hinweisen kann: „Anfänglich zeigt sich Hochbegabung oder ein besonderes Entwicklungspotenzial in einer Art natürlicher Passung zwischen Fähigkeiten und Eigenschaften der Person und Anforderungen einer Aktivität. Neues wird leicht und schnell gelernt, häufig durch spielerisches Entdecken auch ohne Unterricht“ (Preckel/Vock/Koop 2020, S. 16).

Liegt ein anhaltendes Interesse für einen Inhaltsbereich ohne eine auffällig schnelle Lernfähigkeit in diesem Bereich vor, handelt es sich möglicherweise „nur“ um eine thematische Vorliebe eines Kindes. Diese kann vielfältige Ursachen haben, ist aber nicht gleichbedeutend mit einer besonderen Begabung für diesen Bereich. Sie hat eventuell eine emotional stabilisierende Funktion für das Kind, trägt zu seinem Wohlbefinden, einem Gefühl der Sicherheit oder positiver Selbstwahrnehmung bei. Damit können die Fähigkeiten in oder die Beschäftigung mit diesem Inhaltsbereich eine wichtige Ressource für das Kind sein, müssen aber nicht zwangsläufig einen Hinweis auf ein besonderes Leistungspotenzial darstellen.

Die meisten Kinder im Vorschulalter entwickeln erste Interessen, die sie mehr oder weniger ausdauernd verfolgen. Deshalb sind es vor allem Ausmaß, Tiefe und Qualität ihrer Auseinandersetzung mit neuen Inhalten, die wichtige Hinweise auf eine besondere Begabung liefern können. Kinder mit einer hohen kognitiven Begabung zeigen ein vertieftes und andauerndes Erkenntnisinteresse, sie wollen verstehen, wie etwas funktioniert oder wie eins mit dem anderen zusammenhängt. Sie zeichnen sich dabei durch eine sehr schnelle Auffassungsgabe, hohe Lernfähigkeit und außergewöhnliche Merkfähigkeit aus. Sie erkennen rasch zugrunde liegende Prinzipien, wenden diese auf neue Situationen an und erschließen sich auf dieser Basis neue Zusammenhänge. Ihnen fallen solche Transferleistungen leicht und sie suchen aktiv nach kognitiven Herausforderungen. So entwickeln diese Kinder in einem Inhaltsbereich mitunter sehr schnell Kompetenzen, die sonst eher erst bei älteren Kita-Kindern oder gar Grundschulkindern beobachtet werden. Dieser Entwicklungsvorsprung gegenüber den Gleichaltrigen bleibt stabil oder vergrößert sich sogar noch, wenn die Kinder in Familie und Kita entsprechend gefördert werden. Denn Kinder mit hoher kognitiver Begabung zeigen zudem häufig eine hohe Ausdauer und Anstrengungsbereitschaft, neue Fertigkeiten zu erwerben. Dabei entwickeln sie ein hohes Maß an Eigeninitiative, und es ist ihnen wichtig, möglichst selbstbestimmt lernen zu können.

> Kinder mit hoher kognitiver Begabung zeigen ein vertieftes und andauerndes Erkenntnisinteresse.

Ansonsten wie alle Kinder

Über diese Merkmale hinaus gibt es keine wesentlichen Unterschiede zu anderen gleichaltrigen Kindern, die auf die gesamte Gruppe der besonders begabten Kinder zutreffen würden. Im Einzelfall können Eltern oder Fachkräfte Eigenschaften oder Besonderheiten der Kinder beobachten, die sie mit der hohen Begabung in Verbindung bringen, wie z. B. ein geringes Schlafbedürfnis oder eine hohe Sensibilität. Hier konnten wissenschaftliche Studien aber bislang keine Belege dafür erbringen, dass solche Merkmale sichere Hinweise auf eine hohe Begabung darstellen. Studien zeigen zudem, dass Verhaltensauffälligkeiten, psychische Störungen oder Erziehungsschwierigkeiten bei besonders begabten Kindern nicht häufiger vorkommen als bei Gleichaltrigen (z. B. Rost 1993, Arnold/Preckel 2011). Das schließt nicht aus, dass sie im Einzelfall doch auftreten, aber häufig ist es dann so, dass mehrere Faktoren ungünstig zusammentreffen. Die hohe Begabung eines Kindes beeinflusst dann möglicherweise das als problematisch wahrgenommene Verhalten, verursacht es aber nicht. Zudem ist darauf zu achten, dass ein Kind, das als besonders begabt erkannt wurde, nicht mit zu hohen Leistungserwartungen konfrontiert wird. Das ist auch einer der Gründe, warum Kita-Kinder nicht zu früh als „hochbegabt" im Sinne eines stabilen Merkmals etikettiert werden sollen. Es besteht die Gefahr, dass – bewusst oder unbewusst – zu hohe Erwartungen an die Leistungsfähigkeit des Kindes gestellt werden und es in der Folge emotional überfordert ist. Ein wenig anders verhält es sich, wenn die Fähigkeiten und Bedürfnisse eines besonders begabten Kindes und die Förderbedingungen dauerhaft nicht gut zueinander passen. Einzelne Unterforderungssituationen stellen für die Entwicklung der Kinder keine ernste Gefährdung dar. Anders sieht es aus, wenn die Unterforderung andauert. Kita-Kinder können – auch wenn sie besonders begabt sind – die empfundene Langeweile oft nicht genau beschreiben und artikulieren. Dann kann es passieren, dass sie in der Kita durch unangepasstes Verhalten (z. B. Albernheiten, Aggressivität, Rückzugsverhalten) auffallen.

2. Das Problem mit den Checklisten

Ob im Internet oder in Ratgebern – es gibt eine ganze Reihe von Checklisten, die es Eltern und anderen Interessierten erleichtern sollen, Kinder mit hohen Begabungen zu erkennen. Diese Merkmalslisten sind sehr beliebt: die Ratsuchenden erhoffen sich mehr Sicherheit in der Frage, wie sie beobachtete Verhaltensmerkmale eines Kindes beurteilen sollen. Gleichzeitig sind diese Aufzählungen aus verschiedenen Gründen umstritten. So ist beispielsweise oft unklar, wie viele der aufgeführten Merkmale und wie genau sie erfüllt sein müssen, um sie als ernst zu nehmenden Hinweis auf eine mögliche Hochbegabung zu werten. Viele Listen enthalten zudem Merkmale, die nicht nur für Kinder mit einer hohen Begabung typisch sind (z. B. eine hohe Sensibilität) oder sehr allgemein formuliert sind, sodass nicht eindeutig ist, wann das Merkmal erfüllt ist (z. B. „ist individualistisch"). Und nicht zuletzt sind in den Checklisten teilweise auch scheinbar widersprüchliche Besonderheiten beschrieben (z. B. gleichzeitige Nennung eines geringen oder besonders hohen Schlafbedürfnisses).

Wissenschaftliche Untersuchungen zu der Frage, wie zuverlässig einzelne Merkmale von Checklisten mit einer hohen Begabung zusammenhängen, erbrachten zwei wichtige Befunde (vgl. Perleth 2010). In Bezug auf eine hohe kognitive Begabung sind es zum einen vor allem Merkmale, die die intellektuelle Entwicklung des Kindes beschreiben, die sich als sicherere Hinweise erwiesen haben (z. B. Aussagen zum Wortschatz, zum logischen Denkvermögen und dem Detailwissen des Kindes). Als weniger zuverlässig haben sich Aussagen zu sozialen Kompetenzen oder zum Arbeitsverhalten erwiesen (z. B. Perfektionismus, Selbstständigkeit). Zum anderen wächst die Zuverlässigkeit der Einschätzung mittels Checklisten, je ausgeprägter die kognitive Hochbegabung bzw. die Kompetenz des Kindes ist.

> Viele Checklisten enthalten Merkmale, die nicht nur für Kinder mit hoher Begabung typisch sind.

Weiterhin muss berücksichtigt werden, dass je nach Begabungsbereich ganz unterschiedliche Merkmale auf ein besonderes Potenzial eines Kindes hinweisen können und dass sich das, was eine hohe Begabung ausmacht, im Laufe der Zeit ändert: Geht es um die Feststellung einer musikalischen Begabung, sind eher ein besonderes Rhythmusgefühl oder Melodiegedächtnis relevante Hinweise. Das spontane Verstehen von Mengen- und Größenverhältnissen oder selbstständige Erarbeiten von Grundrechenarten können im Vorschulalter auf eine besondere mathematische Begabung hinweisen, sind aber auch von unterschiedlichem Gewicht – je nachdem, ob es sich um ein 4- oder ein 6-jähriges Kind handelt.

CHECKLISTEN: FLUCH UND SEGEN

Zusammenfassend lässt sich sagen, dass Checklisten einerseits durchaus ernst zu nehmende Hinweise auf eine hohe Begabung geben können, andererseits aber eine sorgfältige pädagogische wie psychologische Diagnostik nicht ersetzen können. Zudem sollten Checklisten mit Blick auf die Auswahl der aufgeführten Merkmale aufmerksam reflektiert werden. „Checklisten (...) können (...) nicht als Diagnoseinstrument für Hochbegabung eingesetzt werden. Sie können allerdings die Aufmerksamkeit auf bestimmte Merkmale und Bedürfnisse eines Kindes richten, die ansonsten eventuell übersehen worden wären" (vgl. Preckel/Vock/Koop 2020, S. 44f.).

III

Besondere Begabungen bei Kindern erkennen

Besondere Begabungen können erkannt werden, wenn Kinder ausreichend Gelegenheiten haben, sich vielfältig auszuprobieren und sich mit Herausforderungen auf verschiedenen Niveaustufen auseinanderzusetzen. Bestimmte Beobachtungs- und Diagnostikverfahren unterstützen das Identifizieren hoher Begabungen wirkungsvoll.

1. Das Erkennen von Begabungen ist ein Prozess

Es wurde bereits darauf verwiesen, dass die Entwicklung von besonderen Begabungen ein dynamisches Geschehen ist. In Abhängigkeit von der Domäne können sie sich zu unterschiedlichen Zeiten im Entwicklungsverlauf eines Kindes zeigen. Daher ist die wichtigste Voraussetzung für das Erkennen besonderer Begabungen bei Kindern eine stärkenorientierte Haltung aufseiten der pädagogischen Fachkräfte. Sie sollten jedes Kind dahingehend beobachten, ob es bei der Beschäftigung mit bestimmten Inhalten besondere Potenziale erkennen lässt. Das verweist auf eine zweite wichtige Voraussetzung: Es braucht für Kinder Gelegenheiten, sich vielfältig auszuprobieren und sich mit Herausforderungen auf verschiedenen Niveaustufen auseinanderzusetzen. Insbesondere für Kinder aus sozial benachteiligten oder wenig bildungsengagierten Familien können Kitas wichtige Möglichkeiten schaffen, sich in für sie noch unbekannten Inhaltsbereichen zu erproben. Förderangebote in Kitas sollten daher nicht nur als Reaktion auf identifizierte Begabungen oder Interessen von Kindern gedacht werden. Vielmehr stellt die Ausgestaltung der Räumlichkeiten (z. B. themenbezogene Räume oder Lernwerkstätten) und der pädagogischen Angebote einer Kita (z. B. Lernangebote für unterschiedliche Kompetenzniveaus) eine wichtige Voraussetzung für das Erkennen besonderer Begabungen dar.

> Die Identifizierung besonderer Begabungen sollte als Prozess verstanden werden.

Die Identifizierung besonderer Begabungen sollte als Prozess verstanden werden. Dies gilt in besonderem Maße für Kita-Kinder. Bedingt durch ihr Alter befinden sie sich in einer Phase der Begabungsentwicklung, in der sie durch Ausprobieren und spielerische Auseinandersetzung erst besondere Interessen ausbilden. Es lässt sich daher vor allem etwas beobachten, das man als „spontane Passung“ (Preckel 2021, S. 277) bezeichnen könnte. Diese kann ein wichtiger Indikator für das Vorhandensein einer besonderen Begabung sein: Ein Kind entdeckt einen Inhaltsbereich für sich und nutzt in der Folge jede Gelegenheit, um sich damit zu beschäftigen. Dabei erwirbt es erstes Wissen und erste Kompetenzen scheinbar beiläufig, beeindruckt durch eine gute Merkfähigkeit für alles rund um sein Thema, sucht aktiv Situationen auf, die ihm neue Lerngelegenheiten bieten, erfragt Informationen bei Erwachsenen und zeigt insgesamt eine große Beharrlichkeit und Motivation.

Für die weitere Begabungsentfaltung ist es wichtig, dass Fachkräfte bereit sind, diese Entwicklungen bei Kindern wahrzunehmen und sie auf ihrem Entwicklungsniveau zu fördern und nicht zu bremsen. Durch Beobachtung und Dokumentation der Aktivitäten und des Lernens von Kindern können Fachkräfte erste Hinweise auf solche besonderen Interessensgebiete und „Leidenschaften“ von Kindern erhalten. Sie finden so Antworten auf die Frage, in welchen Inhaltsbereichen Kinder besonderes Engagement und eine große Anstrengungsbereitschaft zeigen.

LITERATURTIPP

Die folgenden Bücher geben pädagogischen Fachkräften Informationen zu den Entwicklungsstufen zentraler Inhaltsbereiche (dabei handelt es sich um eine kleine Auswahl):

Zahlen/Rechnen

Lorenz, J. H. (2016): Kinder begreifen Mathematik. Frühe mathematische Bildung und Förderung. 2. Auflage, Stuttgart: Kohlhammer.

Sprache/Schriftsprache

Ruberg, T./ Rothweiler, M. (2012): Spracherwerb und Sprachförderung in der KiTa. Stuttgart: Kohlhammer.

Sachse, S. (i. V.): Gut vorbereitet in den Schriftspracherwerb. Stuttgart: Kohlhammer.

Naturwissenschaften

Fthenakis, W. E. (Hrsg.) (2009): Frühe naturwissenschaftliche Bildung. Troisdorf: Bildungsverlag EINS.

Lück, G. (2018): Handbuch naturwissenschaftliche Bildung in der Kita. Freiburg: Herder.

Kunst

Peez, G. (2015): Kinder zeichnen, malen und gestalten. Kunst und bildnerisch-ästhetische Praxis in der KiTa. Stuttgart: Kohlhammer.

Musik

Gruhn, W. (2003): Kinder brauchen Musik. Musikalität bei kleinen Kindern entfalten und fördern. Weinheim, Basel, Berlin: Beltz.

ZONE DER NÄCHSTEN ENTWICKLUNG

Mit der „Zone der nächsten Entwicklung" (Wygotski) wird das aktuelle Lernpotenzial eines Kindes beschrieben. Es liegt zwischen seinem momentanen Entwicklungsstand, auf dem das Kind zu eigenständigem Problemlösen und Bewältigen von Anforderungen in der Lage ist, und dem Entwicklungsstand, den es mithilfe der Unterstützung Erwachsener oder fortgeschrittenerer Gleichaltriger erreichen kann. In Anlehnung an Wygotski sollen sich pädagogische Angebote mehr an dem Stand der nächstmöglichen Entwicklung als an dem Stand der aktuellen Entwicklung orientieren.

Den Entwicklungsstand erfassen

Darüber hinaus hilft eine regelmäßige Erfassung des Entwicklungsstandes festzustellen, ob ein Kind in einem Lernbereich vergleichsweise schnell Kompetenzen erwirbt und sich darin möglicherweise gegenüber Gleichaltrigen besonders hervortut. Hierfür sind seitens der pädagogischen Fachkräfte zwei Voraussetzungen erforderlich: Zum einen erfordert das Erkennen und Fördern von besonders begabten Kindern die Bereitschaft, jedes Kind mit seinen Kompetenzen wahrzunehmen, ihm auf seinem Lernstandniveau pädagogische Angebote zu unterbreiten und ihm dabei auch dann Herausforderungen zu bieten, wenn eine vermeintliche Altersnorm erreicht scheint. Als Beispiel seien Kinder genannt, die sich bereits weit vor dem Schuleintritt das Lesen oder Rechnen beibringen. Bei vielen Fachkräften lösen diese Kinder ganz unterschiedliche Sorgen aus – von einer möglichen Unterforderung nach der Einschulung bis hin zu der Annahme, ein Kind könne sich „zu verkopft" entwickeln. Solche persönlichen Bewertungen dürfen jedoch nicht dazu führen, dass die Fachkräfte das Kind nicht mehr in seinen spezifischen Lernbedürfnissen wahrnehmen und unterstützen. Besonders begabte Kinder erwerben mitunter Kompetenzen, die deutlich über ein für ihr Alter erwartbares Niveau hinausgehen. Für ihr seelisches Wohlbefinden und ihren weiteren Werdegang ist es bedeutsam, dass auch sie Lernerfahrungen in der „Zone der nächsten Entwicklung" (siehe Kasten) sammeln können.

Zum anderen brauchen Fachkräfte fundiertes Wissen darüber, wie sich Entwicklung von Kindern in unterschiedlichen Inhaltsbereichen vollzieht. So können sie das Kompetenzniveau eines Kindes sicherer beurteilen und einschätzen, ob es „lediglich" über eine thematische Vorliebe oder in diesem Bereich auch über besondere Fähigkeiten verfügt. In unserem Beispiel des frühen Lesens und Rechnens bedeutet das, dass Fachkräfte genauer beurteilen können müssen, ob ein Kind Dinge beiläufig gelernt hat und mehr oder weniger auswendig wiedergibt oder ob es Zusammenhänge und Prinzipien versteht. Erkennt das Kind einzelne Buchstaben und häufig gesehene Wörter nur wieder oder liest es automatisiert und sinnerfassend? Hat es einfache Additionsaufgaben durch spielerische Wiederholung auswendig gelernt oder rechnet es ohne Objektbindung und hat die zugrunde liegenden Prinzipien der Grundrechenarten verstanden? Für fast jede Domäne lassen sich Stufen der Kompetenzentwicklung näher beschreiben. Fachkräfte sollten diese Stufen für zentrale Inhaltsbereiche kennen und sie bei Kindern erkennen können. So ist es ihnen möglich, mit Blick auf besondere Begabungen kindliche Fähigkeiten sicherer zu beurteilen.

Die Lernstrategien der Kinder beobachten und dokumentieren

2. Beobachtung und Beobachtungsverfahren

Dem Beobachten und den dazugehörigen Verfahren kommt in der pädagogischen Arbeit in Kindertageseinrichtungen mittlerweile eine hohe Bedeutung zu (vgl. Cloos/Schulz 2011). Beobachtungsverfahren zielen darauf ab, individuelle Lernprozesse der Kinder zu beobachten und mehr

ZIELE EINER FRÜHEN BEGABUNGSFÖRDERUNG

In der frühen Begabungs- und Begabtenförderung geht es darum,

- mögliche besondere Interessen und thematische Vorlieben eines Kindes zu erkennen,
- den Entwicklungsstand, das Kompetenzniveau und besondere Potenziale einzuschätzen,
- ein individuelles und fähigkeitsorientiertes Förderangebot zu unterbreiten sowie dessen Wirksamkeit zu beobachten und zu bewerten.

über ihre Interessen und aktuellen Entwicklungsthemen zu erfahren. Sie können aus zwei Gründen auch eine prozessorientierte Diagnostik (vgl. Kiso/Lotze/Behrensen 2014) von besonderen Begabungen hilfreich unterstützen:

- Wir haben bereits erläutert, dass es in der frühen Begabungsförderung darum geht, Kindern zu ermöglichen, sich vielfältig auszuprobieren. So können sie herausfinden, was ihnen besondere Freude bereitet und worin sie gut sind. Es ist demnach wichtig, dass Fachkräfte erkennen, in welchen Bereichen die Motivation eines Kindes, etwas Neues zu lernen, besonders hoch ist.
- Umgekehrt gilt: Besonders begabte Kinder fallen oftmals dadurch auf, dass sie sehr wissbegierig sind, eine hohe Auffassungsgabe haben oder auch bereit sind, sich bei bestimmten Aktivitäten besonders anzustrengen. Lerntempo und Engagement eines Kindes können also wichtige Hinweise auf eine besondere Begabung liefern.

Aus diesen Gründen können Beobachtungs- und Dokumentationsverfahren die Fachkräfte besonders gut darin unterstützen, den Kreislauf aus Erkennen und Fördern so zu gestalten, dass besondere Potenziale bei Kindern sichtbar und fähigkeitsorientiert gefördert werden. Interessen und thematische Vorlieben der Kinder können erfasst und die Wirksamkeit der pädagogischen Angebote kann beobachtet und bewertet werden. Fachkräfte können erkennen, ob Kinder durch die pädagogischen Angebote in der Kita ausreichend herausgefordert sind und welche Bedingungen in der Einrichtung für die Entfaltung von individuellen Begabungen hilfreich sind (vgl. Backes/Künkler 2015).

Stärken- und prozessorientierte Beobachtungsverfahren sind für die frühe Begabungs- und Begabtenförderung deshalb besonders gut geeignet. Dazu zählen beispielsweise die Bildungs- und Lerngeschichten nach Margaret Carr sowie die Leuvener Engagiertheits-Skala. Beide Verfahren müssen für die Förderung von Kindern mit besonderen Begabungen nicht zusätzlich eingeführt werden. Vielmehr bieten sie sich als reguläre Beobachtungsverfahren für die individuelle Förderung aller Kinder an. Wir wollen im Folgenden jedoch näher auf ihre Stärken hinsichtlich der frühen Begabungs- und Begabtenförderung eingehen.

Bildungs- und Lerngeschichten

Die Bildungs- und Lerngeschichten (vgl. Leu et al. 2007) sind ein Verfahren zur Erfassung von frühkindlichen Bildungsprozessen. Um besondere Begabungen bei Kindern zu beobachten eignen sich zum einen einige der sogenannten Lerndispositionen, mit denen kindliche Lernprozesse beschrieben werden. Kinder mit besonderen Begabungen zeichnen sich beispielsweise durch vielfältige oder vertiefte Erkenntnisinteressen aus (Lerndisposition „interessiert sein“) und durch ein besonders ausdauerndes Engagement bei Themen, die sie interessieren („engagiert sein“). Darüber hinaus zeigen sie oft auch eine besondere Beharrlichkeit bei Schwierigkeiten, suchen regelrecht herausfordernde Lernsituationen und sind kreative Problemlöser*innen, die bereits Gelerntes auf neue Kontexte übertragen („Standhalten bei Herausforderungen und Schwierigkeiten“). Einige besonders begabte Kinder fallen auch dadurch auf, dass sie sich sprachlich sehr differenziert ausdrücken können („sich ausdrücken und mitteilen“). Fachkräfte können daher anhand der Reflexionsfragen zu den Lerndispositionen auf besondere Potenziale von Kindern aufmerksam werden.

Eine weitere Stärke des Verfahrens liegt darin, dass es den Dialog von Fachkraft und Kind über dessen Lernen fördert. Die Beziehung zwischen Fachkraft und Kind wird durch den ressourcenorientierten Blick des Verfahrens gestärkt, was dem Kind eine sichere Basis für das Ausprobieren neuer Herausforderungen bietet. Fachkräfte wiederum werden zur Perspektivübernahme angeregt. Sie üben, sich in das Kind hineinzuversetzen und zu erspüren, was es braucht, um Interesse und Engagement zeigen zu können, aber auch, wie es ihm gelingen kann, Teil der Kindergruppe zu sein und dort am gemeinsamen Lernen mitzuwirken. Der Austausch über die individuellen Lerngeschichten regt das Kind an, über das eigene Lernen nachzudenken, was auch seine metakognitiven Kompetenzen fördert.

> Stärkenorientierte Beobachtungsverfahren sind für die frühe Begabungsförderung besonders gut geeignet.

INTERVIEW MIT KATRIN KÜNDIGER

Pädagogin (Elementarbereich: Vorschuljahr) der Beratungsstelle zur Begabtenförderung (BzB) in Radebeul

Sie haben schon viele Eltern und Kitas beraten, die Fragen dazu hatten, woran man eine besondere Begabung bei einem Kind erkennt. Worauf sollten pädagogische Fachkräfte denn ihren Blick richten?

Es ist sehr wichtig, dass Fachkräfte Kinder regelmäßig in ihrer Entwicklung und ihrem Lernen beobachten und dabei die Stärken der Kinder systematisch in den Blick nehmen. Dabei sollten verschiedene Kompetenzbereiche fokussiert werden, also die sprachliche Entwicklung, logisches und räumliches Denken, sozial-emotionale Kompetenzen oder die Motorik. Das heißt, dass auch die Raumgestaltung einer Kita mit darüber entscheidet, ob wir besondere Begabungen erkennen können: Nur wenn sich Kinder in einem Bereich ausprobieren können, können wir auch beurteilen, ob sie in diesem Bereich über ein hohes Entwicklungspotenzial verfügen.

Und mit welchen Beobachtungsverfahren kann man erkennen, ob ein Kind in einem Bereich über ein besonders hohes Potenzial verfügt?

Ich finde die Bildungs- und Lerngeschichten nach Carr aus mehreren Gründen hierfür sehr hilfreich. Die Stärken und Fähigkeiten eines Kindes können mit diesem Instrument gut erkannt und gefördert werden. In den Lerndispositionen kommen die Motivation und die Fähigkeit zum Ausdruck, sich mit neuen Anforderungen und Situationen auseinanderzusetzen und sie mitzugestalten. Kinder mit hohen Begabungen zeichnen sich hierbei häufig durch eine besonders hohe Engagiertheit und innere Motivation bei gleichzeitig sehr schneller Auffassungsgabe aus – und das nicht nur einmalig, sondern konstant über einen längeren Zeitraum. Sie suchen sich von selbst immer wieder neue Herausforderungen und zeigen viel Ausdauer dabei, diese zu bewältigen – wobei es ihnen wichtig ist, das möglichst ohne die Hilfe von Erwachsenen zu schaffen.

Aus welchem Grund schätzen Sie die Bildungs- und Lerngeschichten außerdem?

Die Methode sieht den Einbezug der Kinder in die Auswertung der Beobachtungen vor. Ein wesentliches Ziel von Bildungs- und Lerngeschichten ist, dass Kinder von früh an einen positiven Zugang zum eigenen Lernen und Entdecken bekommen. Dadurch können sich Motivation und Interesse entwickeln und die Lust auf das Ausprobieren von Neuem wird gefördert. Das ist ähnlich wie bei Lernportfolios. Auch dieses Instrument beschreibt für das Kind in verständlicher Form sein selbstbestimmtes Lernen, die Herausforderungen, denen es sich gestellt hat, und die damit verbundenen Erfolgserlebnisse.

Sie sagen also, es ist nicht nur wichtig, Kinder zu beobachten, sondern auch mit ihnen über das zu reden, was man beobachtet hat?

Ja, unbedingt. Dabei sind auch Fotos oder Videos wichtig, die während der Beobachtung gemacht werden. Kinder sollten die erstellten Fotos und Videos zeitnah zur Beobachtung sehen, eine positive Reaktion der pädagogischen Fachkraft spüren und mit ihr die beobachteten Situationen besprechen. Anhand der Fotos und Filmsequenzen sehen die Kinder ihre eigenen Lernwege. Mit der direkten Anrede der Bildungs- und Lerngeschichten spiegelt die Fachkraft dem Kind wertschätzend seine Kompetenzen und Anstrengungen. Das wirkt sich positiv auf die Motivation der Kinder aus. Sie entwickeln ein positives Selbstbild ihrer eigenen Kompetenzen.

Darüber hinaus fragt das Verfahren nicht nur nach einer Einschätzung des Kindes durch die Fachkraft („Worin zeigt sich das Kind besonders engagiert?"), sondern stellt auch Fachkräften die Frage, wie sie das Lernumfeld und ihr Handeln gestalten müssen, um ein Kind entsprechend seiner Motivation, seinem Wissen und Können adäquat fördern zu können („Geben wir dem Kind ausreichend Gelegenheit, sich zu vertiefen? Ermuntern wir es?"). In ihrer vollständigen Anwendung sind die Bildungs- und Lerngeschichten daher ein recht aufwendiges Verfahren. Bei regelmäßigem Einsatz können sie jedoch einen wertvollen Beitrag dazu leisten, dass die Fachkräfte auch den Bedürfnissen besonders begabter Kinder gerecht werden und diese sich in der Kita wohl- und ausreichend in ihrem Lernen herausgefordert fühlen.

Leuvener Engagiertheits-Skala

Die Leuvener Engagiertheits-Skala (vgl. Vandenbussche/Laevers 2009) ist aufgrund des ihr zugrunde liegenden Engagiertheitskonzepts ebenfalls gut für die Lern- und Entwicklungsbegleitung von Kindern mit besonderen Begabungen geeignet. Das Konzept nimmt einen engen Zusammenhang zwischen dem Wohlbefinden eines Kindes und einer anregenden Lernumgebung einerseits sowie dem kindlichen Lernengagement und seiner Fähigkeitsentwicklung andererseits an.

Das Verfahren fragt danach, was das Wohlbefinden und die Engagiertheit der Kinder beeinflusst. Und es hat zum Ziel, Handlungsansätze zur Förderung und Unterstützung der Kinder zu erarbeiten und zu reflektieren. Pädagogische Fachkräfte werden angehalten zu analysieren, inwiefern Räume und Materialien anregend genug sind, ob es im Tagesverlauf Aktivitäten oder Zeitspannen gibt, in denen Kinder als besonders engagiert wahrgenommen werden, und wie ihre Interaktion mit den Kindern Einfluss auf deren Wohlbefinden und Engagiertheit nimmt (vgl. ebd.). Auf diese Weise kann mit dem Verfahren sehr gezielt das für die Begabungs-

und Begabtenförderung wichtige Wechselspiel aus begabungsstimulierender Lernumgebung und gezielter Förderung erkannter Begabungen in den Blick genommen werden. Denn: „Echte Engagiertheit findet an der Grenze der eigenen Möglichkeiten statt. (...) Völlig engagiert sein ist nur möglich, wenn etwas nicht zu einfach ist (...) oder zu schwierig. Auf diesem schmalen Grat zwischen ‚schon' und ‚noch nicht können' geschieht Entwicklung" (ebd., S. 50).

Woran Fachkräfte jeweils ein hohes Maß an Wohlbefinden und Engagement erkennen können, wird durch viele Beispiele gut operationalisiert. Das Verfahren ist im ersten Schritt zudem ökonomisch, weil es zunächst die ganze Kindergruppe in den Blick nimmt und eine erste Beurteilung für jedes Kind erfolgt. Fachkräfte erhalten darüber hinaus ausführliche Hinweise, wie sie Wohlbefinden und Engagiertheit durch die Gestaltung von Räumen und die Auswahl von Materialien sowie die Interaktion mit den Kindern fördern können. Für Kinder, bei denen ein geringes Wohlbefinden und eine niedrige Engagiertheit eingeschätzt werden, empfehlen die Autor*innen eine vertiefte Beobachtung und Begleitung. Zudem kann als weiterer Beobachtungsaspekt die Frage nach den kindlichen Kompetenzen in verschiedenen Bildungsbereichen hinzugenommen werden. Das erfolgt nicht skaliert im Sinne einer Einschätzung hoher oder niedriger Kompetenzen, sondern anhand von Beispielsituationen und Schlüsselfragen, mit deren Hilfe Kompetenzen beobachtet werden können. Der Blick auf die Kompetenzen ist – wie bereits ausgeführt – ein wichtiger Gesichtspunkt für die Identifizierung besonderer Begabungen von Kindern. Denn eine besonders engagierte Auseinandersetzung mit einzelnen Inhalten muss nicht automatisch mit einem (hohen) Kompetenzzuwachs verbunden sein. Letzterer ist jedoch ein wesentliches Kriterium in der Diagnostik hoher Begabungen. Gerade mit Blick auf Kinder mit besonderen Begabungen besteht die Gefahr, dass Fachkräfte keinen Förderbedarf erkennen, weil die Kinder oft schon das können, was von Gleichaltrigen erwartet wird. Doch wenn besonders begabte Kinder dauerhaft ohne (Lern-)Freude, echtes Interesse und herausfordernde Lernsituationen sind, kann auch für sie daraus eine Entwicklungsgefährdung erwachsen. Zumindest aber behindert es die Entfaltung ihrer Begabungen.

> Das Verfahren fragt danach, was Wohlbefinden und Engagiertheit der Kinder beeinflusst.

Lernen findet immer in der „Zone der nächsten Entwicklung" statt. Damit Kinder ihre Potenziale ausschöpfen können, müssen sie die Sinnhaftigkeit dessen erleben, was sie tun, und Freude daran empfinden. Die Anwendung der Leuvener Engagiertheits-Skala kann Fachkräften helfen, dies auch für Kinder mit hohen Begabungen zu gewährleisten und eine Unterforderung der Kinder zu verhindern. Das Verfahren nimmt für jedes Kind die Passung zwischen individuellem Entwicklungsniveau und pädagogischem Angebot in den Blick – darin liegt seine Stärke. Denn nur wenn sich Kinder mit besonderen Begabungen hinreichend herausgefordert fühlen, werden sie engagiert lernen.

3. Entwicklungsdiagnostische Verfahren

Entwicklungsdiagnostische Verfahren sind etablierte Instrumente, die in Kitas zur Überprüfung des Entwicklungsstandes von Kindern eingesetzt werden. Anders als bei Beobachtungsverfahren stehen hier nicht so sehr die Lernprozesse der Kinder im Mittelpunkt, sondern es geht um die „Feststellung spezifischer Kompetenzen oder auch von Entwicklungsproblemen" (Macha/Petermann 2017, S. 133). Entwicklungstests sehen daher konkrete Aufgaben vor, die das Kind ohne Hilfe bewältigen soll oder für die eine Bezugsperson (z. B. die pädagogische Fachkraft oder ein Elternteil) auf der Basis von Beobachtungen beurteilen soll, ob das Kind bereits über diese Kompetenz verfügt. In Kindertageseinrichtungen werden in der Regel teilstandardisierte Entwicklungsbogen eingesetzt. Sie sind in der pädagogischen Praxis ökonomisch anzuwenden und auszuwerten und mit wenig Aufwand zu erlernen. Sie sollen Fachkräften helfen, die Entwicklung von Kindern strukturiert zu beobachten und ihre Entwicklungsprofile für alle relevanten Inhaltsbereiche (z. B. Sprache, Motorik, Emotionen) im Auge zu behalten. Bei der Auswertung der Verfahren werden die Ergebnisse für das untersuchte Kind häufig mit denen einer Referenzgruppe verglichen, z. B. 4-jährige Kinder.

> Fachkräfte brauchen Wissen darüber, wie sich die kindliche Entwicklung in unterschiedlichen Bereichen vollzieht.

Viele Entwicklungsfragebogen für das Kita-Alter wurden mit dem Ziel entwickelt, Kinder mit bedeutsamen Entwicklungsrückständen oder -risiken zu identifizieren. Sie dienen als eine Art Screening-Instrument. Die Beurteilung eines tatsächlichen Förder- oder Therapiebedarfes (z. B. für Logopädie oder Ergotherapie) erfordert in der Regel eine tiefergehende Diagnostik durch Fachtherapeut*innen, Ärzt*innen oder Psycholog*innen. Entwick-

Portfolioarbeit: Mit den Kindern über ihre Lernprozesse sprechen

lungsfragebogen helfen in erster Linie zu beurteilen, ob Kinder wichtige Meilensteine der Entwicklung bis zu einem als unkritisch definierten Zeitpunkt bewältigt haben. Mit Blick auf das Erkennen von Kindern mit besonderen Begabungen ergibt sich daraus eine Schwierigkeit: Die Verfahren unterscheiden sehr gut im unteren Leistungsbereich. Das heißt, sie sind gut darin, zu erkennen, ob ein Kind noch in einem Entwicklungsbereich liegt, der als altersgerecht bezeichnet werden kann, oder ob eine ernsthafte Verlangsamung der Entwicklung vorliegt. Im oberen Leistungsbereich differenzieren die Entwicklungsfragebogen hingegen kaum noch. Bewältigt ein Kind alle Aufgaben seiner Altersgruppe, weist dies daher nicht automatisch auf eine außergewöhnlich hohe Begabung hin. Vielmehr kann das auch Ausdruck einer guten, aber altersgerechten Entwicklung sein. Entwicklungsbogen sind daher in der Regel wenig geeignet, um besondere Begabungen zu erkennen. Pädagogische Fachkräfte sollten gute Ergebnisse eines Kindes daher nicht vorschnell zum Anlass nehmen, ihm eine „Hochbegabung“ zu attestieren.

> Entwicklungsbogen sind wenig geeignet, um besondere Begabungen zu erkennen.

Eingeschränkte Aussagekraft

Ähnliches gilt für Verfahren, die Interessen oder Ressourcen von Kindern abbilden sollen. Hierbei wird beobachtet und festgehalten, in welchen Bereichen Kinder Stärken (z. B. hinsichtlich der sozialen Kompetenz oder Selbstregulation) oder besondere thematische Vorlieben zeigen. Bei diesen Verfahren gibt es zum einen ähnliche Einschränkungen in der Aussagekraft wie bei Checklisten (siehe Kapitel II.2): Die Merkmale oder Verhaltensweisen, die die Fachkraft einschätzen soll, sind oft nicht genau genug beschrieben, um beurteilen zu können, ab wann eine Fähigkeit als außergewöhnlich gilt oder wie häufig sie auftreten muss, um sie als „häufig“ oder „besonders ausgeprägt“ einzuordnen. So kann es zum Teil zu großen Unterschieden zwischen den Einschätzungen einzelner Fachkräfte kommen: Was die eine als „häufig“ empfindet, betrachtet eine andere möglicherweise als „ganz normal“. Zum anderen werden in diesen Verfahren in der Regel kaum systematisch Informationen dazu erhoben, wie schnell sich ein Kind in einem Interessensbereich Wissen oder Kompetenzen aneignet. Gerade das sind aber bedeutsame Hinweise, wenn es darum geht, ein besonders hohes Entwicklungspotenzial und damit eine besondere Begabung eines Kindes von einer inhaltlichen Vorliebe zu unterscheiden.

Zusammenfassend ist es daher mit Blick auf die Identifikation besonderer Begabungen wichtig, dass Entwicklungsbogen hinsichtlich ihrer jeweiligen Möglichkeiten und Grenzen reflektiert eingesetzt werden. Die in der Kita verwendeten Verfahren sollten dahingehend angeschaut werden, ob sie dafür geeignet sind, auch höhere Kompetenzniveaus und besondere Stärken von Kindern abzubilden. Für das Erkennen von Begabungen ist es wichtig, dass Verfahren eingesetzt werden, die nicht nur Meilensteine oder Interessen von Kindern abbilden. Vielmehr sollten Instrumente bevorzugt werden, die helfen, kindliche Kompetenzen in unterschiedlichen Bereichen detailliert zu erfassen – auch im zeitlichen Verlauf. Von besonderer Bedeutung für die Begabungsdiagnostik ist, wie bereits beschrieben, das Verhältnis von Lerngelegenheiten zu Kompetenzzuwachs. Lernt ein Kind besonders schnell und erreicht es über einen längeren Zeitraum immer wieder Ergebnisse, die am oberen Rand seiner Altersgruppe oder darüber hinaus liegen, ist das ein wichtiger Hinweis für sein Leistungspotenzial. Dann sollte das zum Anlass genommen werden, genauer hinzuschauen.

Ein geeignetes Verfahren finden

Es gibt viele verschiedene entwicklungsdiagnostische Verfahren, die von Fachkräften in Kindertageseinrichtungen eingesetzt werden. Es ist wichtig, sich im Team mit den jeweiligen Möglichkeiten und Grenzen unterschiedlicher Verfahren auseinanderzusetzen. Nur so gelingt die Auswahl eines für die diagnostische Fragestellung geeigneten Instruments und eine sichere Einordnung der Ergebnisse. Was das mit Blick auf die Begabungsdiagnostik bedeutet, soll im Folgenden am Beispiel zweier Verfahren verdeutlicht werden.

> Es ist wichtig, sich mit den Möglichkeiten und Grenzen der Verfahren auseinanderzusetzen.

Ein in der Praxis beliebtes Verfahren sind die „Multiplen Intelligenzen“ nach Howard Gardner (vgl. z. B. Laewen/Andres 2007). Dabei handelt es sich um einen Fragebogen, der helfen soll, besondere Stärken von Kindern zu identifizieren. Es werden – je nach Ausführung – sieben oder acht Inhaltsbereiche unterschieden, die in Anlehnung an Gardner „Intelligenzen“ genannt werden. Anhand des Bogens wird beurteilt, in welchem Bereich ein Kind Vorlieben zeigt und besonders leicht lernt, verbunden mit der Annahme, dass es dann in diesem Bereich auch über besondere Kompetenzen und Talente verfügt. Wiederholte Messungen sollen ermöglichen herauszufinden, ob die Präferenzen eines Kindes stabil bleiben oder sich verschieben. Ein weiteres Verfahren ist der KOMPIK-Bogen (Kompetenzen und Interessen von Kindern) (www.kompik.de; Mayr/Bauer/Krause 2012), mit dessen Hilfe ebenfalls die Entwicklung eines Kindes für – in diesem Fall – elf Kompetenz- und Interessensbereiche beobachtet und eingeschätzt werden kann. Auch hier soll ein detaillierter Einblick in die Fähigkeiten und Stärken des Kindes gegeben werden. Wiederholte Einschätzungen bieten die Möglichkeit, Entwicklungs- und Lernfortschritte eines Kindes abzubilden.

Auf den ersten Blick bieten beide Verfahren den Fachkräften also sehr ähnliche diagnostische Möglichkeiten. Vergegenwärtigt man sich jedoch noch einmal, dass für die Identifizierung besonderer Begabungen sowohl die Erfassung inhaltlicher Präferenzen (der „spontanen Passung“) als auch die Entwicklung von – im Altersvergleich – überdurchschnittlichen Kompetenzen zentral sind, müssen die Möglichkeiten und Grenzen beider Verfahren für die Begabungsdiagnostik noch eingehender geprüft werden.

Was soll der Test messen?

KOMPIK unterscheidet deutlich zwischen Interessen und Kompetenzen eines Kindes, also zwischen den Fragen, wie gern ein Kind etwas macht und wie gut es das macht bzw. wie schnell es in diesem Bereich lernt. Der theoretische Hintergrund des Verfahrens lässt überprüfbare Bezüge zu aktuellen und wissenschaftlich anerkannten Theorien kindlicher Entwicklung erkennen und erfolgte durch den Einbezug von Expert*innen für die verschiedenen Entwicklungsbereiche. Bei den Multiplen Intelligenzen hingegen ist der Name des Verfahrens etwas irreführend: Er legt nahe, dass es um die Messung von Fähigkeiten geht, doch die Fragen zielen eher auf die Motivation eines Kindes in verschiedenen Lernbereichen ab. Das Verfahren basiert auf einer wissenschaftlich umstritte-

BEISPIELITEMS AUS DEN VERFAHREN „MULTIPLE INTELLIGENZEN“ UND „KOMPIK“ IM VERGLEICH

	„Sieben Intelligenzen des Howard Gardner“ Laewen/Andres (2007)	**„KOMPIK – Kompetenzen und Interessen von Kindern“** Mayr/Bauer/Krause (2012)
Musik	„Versucht das Kind gern, neue Melodien oder Rhythmen wiederzugeben?“	„Das Kind kann auch längere und schwierigere Rhythmen (z. B. mit unregelmäßigen Takten oder Synkopen) sicher nachklatschen.“
Rechnen	„Zeigt das Kind Interesse an Zahlen?“	„Das Kind weiß, dass mit Zahlen eine Rangfolge ausgedrückt werden kann …“
Sprache	„Spricht das Kind gerne und geschickt?“	„Das Kind beugt Verben richtig …“ „… bildet bei Verben den Konjunktiv richtig …“

nen bzw. in einigen zentralen Aussagen auch widerlegten theoretischen Annahme sich voneinander unabhängig entwickelnder Intelligenzen (vgl. Rost 2013). Auch in der Beschreibung des Verfahrens wird nicht deutlich genug zwischen Interessen und Vorlieben einerseits und Fähigkeiten und Kompetenzen andererseits unterschieden.

Wie genau misst der Test?
Wie bereits ausgeführt, wird bei den Multiplen Intelligenzen nicht zwischen Vorlieben und Kompetenzen unterschieden. Die Frage, ob ein Kind Bewegungsspiele mag oder gern Musik hört, sagt nichts über seine Fähigkeiten im sportlichen oder musikalischen Bereich aus. Fragen, die eher auf Kompetenzen abzielen, sind hingegen relativ ungenau formuliert, sodass für die Fachkraft in der Bewertung ein erheblicher Spielraum bleibt. So kann z. B. die Bewertung der Frage, ob die Sprache eines Kindes ausdrucksvoll ist, von Fachkraft zu Fachkraft sehr unterschiedlich ausfallen, da es kein objektives Merkmal gibt, an dem „sprachliches Ausdrucksvermögen" im Alter von 3 oder 5 Jahren festgemacht wird. Was eine Fachkraft als besonders talentiert beurteilt, empfindet eine andere vielleicht als völlig altersgerecht.

> KOMPIK unterscheidet genau zwischen Interessen und Kompetenzen eines Kindes.

KOMPIK beschreibt in den Kompetenzfragen das zu beurteilende Merkmal dagegen genau und für die Fachkräfte messbar (vgl. Tabelle). Die Kompetenzen sind systematisiert und aufeinander aufbauend beschrieben. Zudem bietet KOMPIK eine Auswertung auf der Basis von sogenannten Normdaten, d. h., das Ergebnis eines Kindes wird ins Verhältnis zu dem von Gleichaltrigen gesetzt. So ist für Fachkräfte gut erkennbar, ob ein Kind für sein Alter über außergewöhnlich hohe Kompetenzen verfügt. Durch wiederholte Messungen lassen sich auch Aussagen zum Tempo des Lernzuwachses treffen.

Zusammenfassend lässt sich sagen, dass KOMPIK deutlich geeigneter ist, sowohl thematische Vorlieben von Kindern als auch ihr Kompetenzniveau und ihren Lernzuwachs zu bestimmen. Damit ist ihm im Vergleich dieser beiden Verfahren für die Begabungsdiagnostik der Vorrang zu geben. Die Multiplen Intelligenzen müssen nicht aussortiert werden, sollten aber hinsichtlich ihrer Aussagekraft kritisch reflektiert werden. Sie messen eher Vorlieben von Kindern, die Erfassung der Kompetenzen ist jedoch ungenau und stärker von der subjektiven Bewertung der Fachkraft abhängig. Fraglos fehlt die Grundlage dafür, anhand der Ergebnisse Kinder beispielsweise als „musikalisch hochintelligent" oder „kognitiv hochbegabt" zu bezeichnen. Das Verfahren kann aber als Screening genutzt werden, um genauer hinzuschauen, ob die inhaltliche Vorliebe eines Kindes auch mit besonderen Kompetenzen verbunden ist – dann unter Rückgriff auf ergänzende Verfahren.

4. Psychologische Leistungsdiagnostik

Wir haben bereits beschrieben, wie die regelmäßige Beobachtung und Dokumentation der Entwicklung eines Kindes dabei helfen, seine individuellen Lernbedürfnisse und Interessen zu erfassen und in der Kita darauf angemessen im Rahmen der Förderung zu reagieren. Oft ist dieses Vorgehen im Kita-Alter ausreichend. Doch manchmal sehen sich Eltern und pädagogische Fachkräfte mit Herausforderungen konfrontiert, die es sinnvoll erscheinen lassen, ergänzend eine psychologische Diagnostik durchzuführen. Das kann etwa dann der Fall sein, wenn es sehr unterschiedliche Einschätzungen zu den Fähigkeiten des Kindes gibt, wenn sich die Frage nach dem richtigen Einschulungszeitpunkt stellt oder das Kind sich über einen längeren Zeitraum in der Kita nicht wohlfühlt oder Verhaltensweisen zeigt, die Eltern oder Fachkräften Sorge bereiten.

Wenn im Zusammenhang mit Hochbegabung von psychologischer Diagnostik gesprochen wird, denken viele an Intelligenztests. Diese sind sicher auch ein sehr wichtiges Instrument, insbesondere wenn es um die Feststellung einer hohen kognitiven Begabung geht. Aber psychologische Diagnostik kann mehr: Sie kann beispielsweise bei den genannten Fragestellungen helfen, neben der intellek-

WER FÜHRT INTELLIGENZTESTS DURCH?

Sowohl die Durchführung als auch die Auswertung und Interpretation von Intelligenztests erfordern spezifische Kompetenzen. Deshalb sollten diese Verfahren nur durch Psychologen und Psychologinnen oder andere speziell qualifizierte Berufsgruppen (z. B. Psychotherapeut*innen, Sonderpädagog*innen) angewendet werden. Ratsuchende finden beispielsweise in der Datenbank der Karg-Stiftung im Thema Hochbegabung erfahrene Beratungsstellen, die auch Intelligenzdiagnostik anbieten:
www.fachportal-hochbegabung.de/beratungsstellen/

tuellen Entwicklung weitere Merkmale des Kindes (z. B. Aufmerksamkeit und Konzentrationsfähigkeit, Ängstlichkeit) einzuordnen oder mehr darüber herauszufinden, wie das Kind seine Beziehungen in der Familie oder zu Fachkräften und anderen Kindern in der Kita erlebt. Wichtig ist jedoch – und das gilt auch, wenn es „nur" um eine Intelligenzdiagnostik geht –, dass es eine einzugrenzende Fragestellung braucht. Nur unter dieser Voraussetzung können durch den Psychologen oder die Psychologin geeignete Verfahren ausgewählt und die Ergebnisse des Kindes in den Tests im Hinblick auf die Frage oder eine anstehende Entscheidung sinnvoll bewertet werden. Einen Intelligenztest zu machen, einfach um aus Neugierde den Intelligenzquotienten (IQ) des Kindes zu kennen, ist dagegen aus verschiedenen Gründen nicht sinnvoll.

> Häufiger Anlass für eine Testung ist die Frage nach dem richtigen Einschulungszeitpunkt.

Ab welchem Alter sind Intelligenztests möglich?

Die Erfassung der kognitiven Leistungsfähigkeit mittels Intelligenztests ist ab einem Alter von 2½ Jahren grundsätzlich möglich. Das heißt, es gibt Tests für dieses Alter und diese messen auch bei korrekter Anwendung zuverlässig den intellektuellen Entwicklungsstand eines Kindes. Dabei gilt es aber zu beachten, dass die in diesem frühen Alter gemessenen Werte nicht sehr stabil sind, was ihre Vorhersagekraft für die weitere Entwicklung des Kindes stark einschränkt. Anhand einer Einmaltestung können daher nur sehr begrenzt Aussagen zu späteren Entwicklungsverläufen gemacht werden. Wenn sich also im Alter von knapp 5 Jahren für ein Kind die Frage nach einer vorzeitigen Einschulung stellt, sollte für diese Entscheidung nicht das Ergebnis eines Tests herangezogen werden, den das Kind im Alter von 3 Jahren gemacht hat. Im Allgemeinen wird deshalb dazu geraten, mit einer Intelligenztestung mindestens bis zum Alter von 5 Jahren zu warten. Ab diesem Zeitpunkt sind die Tests aussagefähiger für die weitere Entwicklung des Kindes, wobei auch in diesem Alter keine langfristigen Prognosen (z. B. zum Schulerfolg in der weiterführenden Schule) möglich sind.

Ein häufiger Anlass für eine Testung im Vorschulalter ist die Frage nach dem richtigen Einschulungszeitpunkt: Soll das Kind beispielsweise vorzeitig bzw. als „Kann-Kind" eingeschult werden? Oder bietet sich eine Einschulung in die zweite Klassenstufe an? In diesen Fällen können psychologische Tests die Entscheidung sinnvoll unterstützen. Ein Intelligenztest kann die kognitive Entwicklung eines Kindes in Bezug zu der seiner Altersgruppe setzen und über ein Fähigkeitsprofil die Frage klären helfen, ob das Kind in allen für die Bewältigung schulischer Anforderungen relevanten kognitiven Teilleistungen gleichermaßen weit entwickelt ist.

Wie misst man Intelligenz?

Intelligenz ist keine Eigenschaft, die man direkt beobachten kann. Für ihre zuverlässige Messung werden Intelligenztests eingesetzt, die nach wissenschaftlichen Kriterien konstruiert werden. So ist gewährleistet, dass die Ergebnisse möglichst genau und zuverlässig sowie weitestgehend unab-

INTERVIEW MIT DR. MONIKA SKLORZ-WEINER

Psychologin im Familienzentrum für inklusive Begabungsförderung, CJD Hannover

Welche Rolle spielen Intelligenztests in Ihrer Einrichtung für die Potenzialanalyse und -förderung der Kinder?

Bei uns werden alle Kinder mit 5 Jahren mithilfe von zwei Intelligenztestverfahren getestet. Dabei liegt der Schwerpunkt nicht auf der Ermittlung eines Gesamtwertes, sondern auf der Ermittlung der Stärken des Kindes. Uns interessieren aber auch Bereiche, in denen das Kind bis zur Einschulung und möglicherweise darüber hinaus noch einer Förderung bedarf. In einem Gutachten legen Psychologin und pädagogische Fachkräfte die Testergebnisse und die Einschätzungen des aktuellen Entwicklungsstandes des Kindes den Eltern verständlich dar. Auf dieser Basis beraten wir die Eltern, wie sie die Entwicklung ihres Kindes unterstützen können.

Wie sieht das genau aus?

Wir haben für die Fähigkeiten, die die verwendeten Intelligenztests abbilden, Spielelisten erstellt. Dabei haben wir unterteilt in Spiele, die Material erfordern, Spiele, die kein Material erfordern, und Spiele, die man kaufen kann. So können wir Familien unabhängig von ihrer sozialen Situation unterstützen. Je nach Ergebnis der Testung und gemeinsamen Beratung mit den Fachkräften können diese die Eltern beraten und ihnen Spielvorschläge mitteilen. Darüber hinaus erhalten die Familien Tipps für weitere Aktivitäten, z. B. den Umgang mit Büchern oder für die Teilnahme an Aktivitäten außerhalb der Kita in Vereinen, Musikschulen, Museen usw. Falls erforderlich beraten wir die Eltern in Zusammenhang mit Fragen zur Erziehung ihres Kindes und weisen ggf. auf therapeutische Möglichkeiten hin.

NORMALVERTEILUNG DER INTELLIGENZ

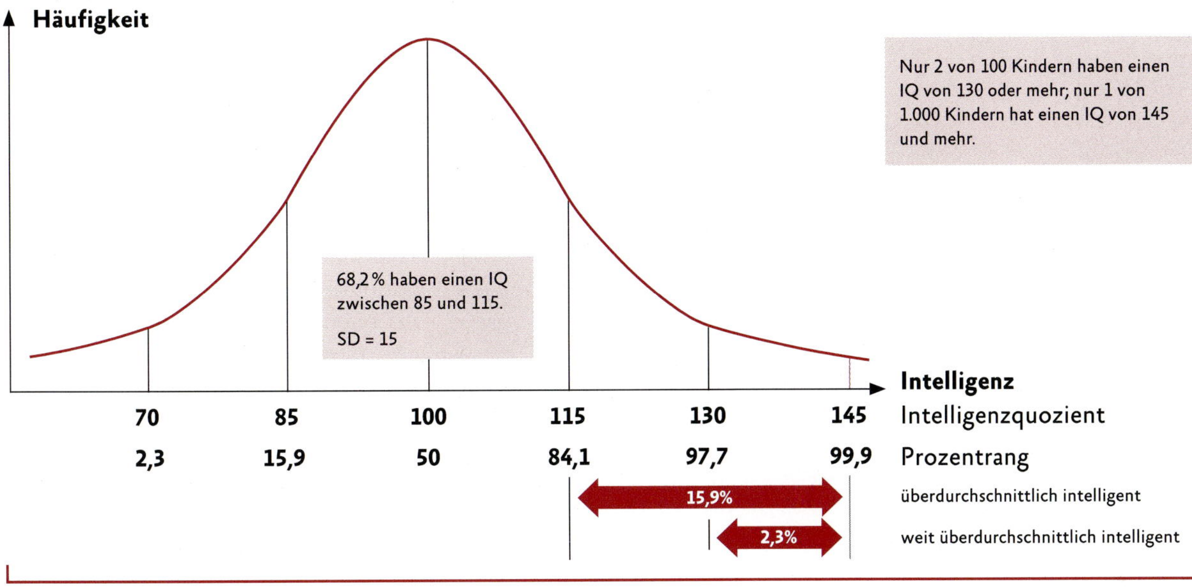

hängig von der testenden Person sind. Trotz dieser Sorgfalt sind die Testergebnisse nie 100 %ig genau; der Test kann nur angeben, dass die Intelligenz mit großer Wahrscheinlichkeit in einem bestimmten Bereich liegt. Daher wird oft ein sogenanntes Vertrauensintervall angegeben, in dem der „wahre" Wert z. B. mit einer Wahrscheinlichkeit von 95% liegt. Auch deshalb sind starre Grenzen für die Definition von Hochbegabung (z. B. IQ≥130) nicht sinnvoll. Zwischen einem Kind mit einem IQ von 128 und einem Kind mit einem IQ von 134 gibt es keine wesentlichen Niveauunterschiede in der Intelligenz, die eine unterschiedliche Förderung der Kinder rechtfertigen würden.

Was ist der Intelligenzquotient?

Die Ergebnisse eines Intelligenztests werden in der Regel mit dem Intelligenzquotienten (IQ) angegeben. Das ist ein statistischer Normwert, der das Testergebnis einer Person ins Verhältnis setzt zu den Ergebnissen einer großen Vergleichsgruppe (z. B. das Ergebnis eines 5-jährigen Kindes im Vergleich zu einer repräsentativen Gruppe Gleichaltriger). Der Mittelwert dieser Messskala liegt bei IQ = 100. Fast 70% aller Menschen haben einen IQ zwischen 85 und 115. Dieser Bereich gilt daher als Normalbereich der Intelligenz. Je mehr sich der gemessene Wert vom Mittelwert 100 entfernt, desto seltener tritt er auf. Ein IQ von 130 (und mehr) kommt nur noch bei zwei von 100 Menschen vor, ein IQ von 145 (und mehr) ist noch seltener (1 Person von 1.000) (siehe Grafik).

Intelligenztests für mehr Chancengerechtigkeit?

Das beschriebene Vorgehen, Intelligenztests immer nur im Zuge umgrenzter Fragestellungen einzusetzen, hat auch einen Nachteil: Eltern oder Fachkräfte müssen zuvor aufgrund von Beobachtungen die Vermutung entwickelt haben, dass ein Kind möglicherweise besonders begabt ist, und sich die Frage nach einer gezielten Förderung stellen. Studien zeigen, dass das sowohl Eltern als auch Fachkräfte bei Kindern aus Familien mit niedrigem sozioökonomischem Status seltener tun. Die Gründe hierfür sind vielfältig und können in unbewussten stereotypen Denkmustern oder auch in bereits beschriebenen Beobachtungsfehlern liegen (siehe dazu Kasten S. 25). IQ-Screenings können einen Beitrag dazu leisten, dass kognitiv besonders begabte Kinder unabhängig von ihrer Herkunft oder ihrem Geschlecht besser erkannt werden (vgl. Card/Giuliano 2016). Zudem können Intelligenztests in diesen Fällen helfen, konkrete Förderempfehlungen auszusprechen. Voraussetzung hierfür ist, dass pädagogische und psychologische Fachkräfte kontinuierlich und mit einem interdisziplinären Verständnis zusammenarbeiten. Auch wenn das noch selten ist, gibt es in Deutschland immer mehr Träger, die Wege für eine systematische Einbettung psychologischer Entwicklungsberatung suchen. Oft tun sie das noch mit Blick auf Kinder mit besonderen Entwicklungsrisiken. In Bezug auf eine chancengerechtere Begabungsförderung liegen hier noch Potenziale.

> Intelligenztests können helfen, konkrete Förderempfehlungen auszusprechen.

Allen Kindern die Entfaltung ihrer Stärken und Begabungen ermöglichen

5. Begabung und Bildungsgerechtigkeit

Hohe Begabungen können bei allen Kindern vorkommen – unabhängig davon, aus welchem Land sie kommen, welches Geschlecht sie oder welchen Bildungsabschluss und welches Einkommen ihre Eltern haben. Sie alle haben ein Recht darauf, ihre Interessen, Fähigkeiten und Begabungen entfalten zu können und entsprechend gefördert zu werden. Kindertageseinrichtungen haben eine elementare Bedeutung dafür, dass auch die Fähigkeiten und Begabungen von Kindern erkannt und gefördert werden, die mit weniger bildungsbezogenen oder anderen kulturellen Vorerfahrungen in die Einrichtung kommen. Pädagogische Fachkräfte können bei Kindern sowohl Interesse und Begeisterung für Themen wecken als auch besondere Begabungen und Stärken erkennen und fördern. Das hat einen positiven Einfluss auf das Selbstkonzept der Kinder und die Einschätzung der eigenen Potenziale: Sie trauen sich mehr zu und probieren sich vielfältiger aus (vgl. Racherbäumer 2009). Zudem spielt der Besuch einer Kindertageseinrichtung nachweislich eine wichtige Rolle für den weiteren Bildungsverlauf von Kindern und ihre Bildungschancen. So zeigt beispielsweise die Teilleistungsstudie „IGLU", dass Kinder am Ende der 4. Klasse besser lesen können, wenn sie eine Kita besucht haben (vgl. Hußmann et al. 2017). Damit das so ist, müssen sich Fachkräfte damit auseinandersetzen, welche Folgen die unterschiedlichen Hintergründe, die Kinder mitbringen, für das Erkennen und Fördern individueller Begabungen haben. Sie brauchen ein Bewusstsein dafür, dass Mädchen möglicherweise Begabungen anders zeigen als Jungen. Sie müssen sich für eigene Vorurteile sensibilisieren, wenn sie Kinder mit Migrationshintergrund oder aus bildungsfernen Familien hinsichtlich etwaiger besonderer Begabungen beobachten und bewerten. Und sie müssen mit ihrer Einrichtung eine lernende Organisation bilden, um auf die sehr unterschiedlichen Lebenswirklichkeiten von Kindern einfühlsam und adäquat reagieren zu können.

Obwohl es genauso viele Mädchen mit besonderen Begabungen gibt wie Jungen, werden Letztere dreimal häufiger erkannt. Bei Mädchen werden außergewöhnliche Leistungen eher mit besonderem Fleiß erklärt, während man Jungen bei vergleichbaren Leistungen schneller ein besonderes Talent zuschreibt. Fehlende Sprachkenntnisse von Kindern mit Migrationshintergrund oder das Wissen darum, dass Kinder aus eher bildungsfernen Elternhäusern stammen, können die Beobachtungen besonderer Begabungen ungünstig beeinflussen (vgl. Tietze et al. 2013). Und auch die Frage, wie Eltern ihrerseits die Entwicklung ihres Kindes beurteilen und welche Bedeutung sie besonderen kindlichen Fähigkeiten beimessen, variiert in Abhängigkeit vom soziokulturellen Hintergrund der Familien.

Entwicklungsbeurteilungen durch die Fachkräfte können also durch Merkmale wie die soziale Herkunft eines Kindes ungünstig beeinflusst werden. Das passiert häufig unbewusst, kann aber dazu führen, dass wichtige Chancen der Anregung und frühen Bildung von Begabungen ungenutzt bleiben. Um sicherzustellen, dass besondere Begabungen bei Kindern unabhängig von ihrer sozialen und kulturellen Herkunft erkannt werden, bieten sich in Kitas viele Möglichkeiten: Pädagogische Fachkräfte sollten ihre Sichtweisen auf ein Kind untereinander austauschen und kritisch reflektieren. Sie können mit Eltern ins Gespräch über die Entwicklung ihres

Entwicklungsbeurteilungen der Fachkräfte können durch Merkmale wie die soziale Herkunft eines Kindes ungünstig beeinflusst werden.

Kindes gehen, sie auf Potenziale und Begabungen aufmerksam machen und mit ihnen beraten, welche Bedürfnisse das Kind hat und was es braucht, um sein Potenzial zu entfalten. Die Stärke von Kitas ist es an dieser Stelle, dass sie mit ihren Angeboten und über die Beratung von Eltern auch einen positiven Einfluss auf die familiäre Förderung der Kinder haben und diese unterstützen können.

Zusammenwirken von Kita und Familien

Eine gute Zusammenarbeit zwischen Familie und Kita ist für alle Kinder wichtig. Ganz besonders gilt dies jedoch für Kinder aus Familien mit Sprachbarrieren, geringen Bildungsressourcen, niedrigem sozioökonomischem Status oder anderen Risikofaktoren. Diese Kinder und Familien profitieren in besonderem Maße davon, wenn Kindertageseinrichtungen nicht nur möglichst viel Freiraum für die Stärkung schon vorhandener Ressourcen und Kompetenzen geben, sondern auch gezielte Unterstützungsangebote machen, um strukturelle Benachteiligungen zumindest partiell auszugleichen (vgl. Marx 2017). Aus diesem Grund können insbesondere Familienzentren für die Erreichbarkeit von und die Zusammenarbeit mit Familien in der frühen Begabungsförderung eine wertvolle Rolle einnehmen. Die große Chance liegt vor allem in der Niedrigschwelligkeit der Zusammenarbeit mit den Familien. Mittels integrierter Bildungs- und Beratungsangebote können sie einen entwicklungsförderlichen Umgang der Eltern mit ihren Kindern unterstützen, die Eltern in ihren Erziehungskompetenzen stärken und bei Bedarf helfen, Vertrauen zu anderen Institutionen aufzubauen (siehe auch Kapitel V).

> Familienzentren können in der frühen Begabungsförderung eine wichtige Rolle einnehmen.

■ **Praxisbeispiel:** Maria ist 5 Jahre alt. Ihre Eltern kommen aus Serbien und sprechen nur sehr wenig Deutsch. Die Familie ist erst seit relativ kurzer Zeit in Deutschland. Maria spricht in der Kita wenig, sucht aber eher Kontakt zu älteren Kindern. Die Erzieherin beobachtet, dass Maria sich die deutsche Sprache recht schnell aneignet und vor allem ein großes Bedürfnis hat, mit Zahlen umzugehen, zu rechnen, und sich zudem sehr für naturwissenschaftliche Themen begeistert. Sie rechnet bereits im Zahlenraum bis 100. Marias Eltern können sie in ihren spezifischen Interessen nur wenig unterstützen; für zusätzliche Förderangebote fehlt das Geld und die Familie ist noch nicht gut mit anderen Familien vernetzt. Marias Erzieherin kommt nach einem sorgfältigen Beobachtungsprozess und fachlich-kollegialen Austausch zu der Einschätzung, dass Maria als „Kann-Kind" eingeschult werden könnte. Bei der Schuleingangsuntersuchung durch die Schulärztin sind jedoch die Ergebnisse von Maria im Sprachtest noch nicht ausreichend. Die Schulärztin äußert daher Bedenken, ob Maria uneingeschränkt schulfähig sei. Durch den Austausch mit der Erzieherin zu deren Beobachtungen kommen jedoch alle zu dem Entschluss, Maria gut begleitet als „Kann-Kind" einzuschulen, um eine Unterforderung bei einer späteren Einschulung zu vermeiden. Bei einem „runden Tisch" beraten Kita-Fachkräfte, zukünftige Lehrkraft, Schulärztin und Eltern ge-

BEOBACHTUNGSFEHLER

Wir wollen sie vermeiden, aber hin und wieder unterlaufen sie uns doch: typische Beobachtungsfehler. Da Beobachten und Beurteilen durch Menschen erfolgt, ist dieser Prozess immer subjektiv und kann mit Fehlern behaftet sein. Es ist daher wichtig, dass sich Fachkräfte dessen bewusst sind und ihre Beobachtungen mit anderen Teammitgliedern reflektieren.

Stereotype

Durch Stereotype werden Gruppen (z. B. sozialen oder ethnischen Gruppen) „typische" Eigenschaften zugeordnet und diese dann auf die Einzelnen aus dieser Gruppe übertragen. So könnten bei einem bildungsnahen Elternhaus etwa von vornherein hohe Potenziale beim Kind erwartet werden. Andere Stereotype führen zu geringen Bildungserwartungen. Bei Schwierigkeiten mit der deutschen Sprache werden z. B. zusätzlich häufig noch Schwierigkeiten mit dem Lernen allgemein unterstellt.

Halo-Effekt

Einzelne Verhaltensweisen oder Merkmale eines Kindes beeinflussen die Bewertung auch anderer Eigenschaften, obwohl diese eigentlich unabhängig voneinander sind. Konkretes Verhalten wird also so interpretiert, dass es zu einer hervorstechenden Eigenschaft „passt".

Ungeprüfte Übernahme aus alten Dokumentationen

Aussagen aus früheren Beobachtungen und/oder Dokumentationen werden übernommen, ohne zu prüfen, ob sie sich aktuell noch bestätigen.

Sind Ihnen die beschriebenen – oder weitere – Beobachtungs- und Beurteilungsfehler in Ihrer Praxis schon einmal begegnet? Wie sind Sie damit umgegangen?

meinsam, wie Maria unterstützt werden kann. Sie wird in die Vorschulkindergruppe aufgenommen und besucht mit den anderen Kindern ein paar Mal probeweise die Schule. Die Lehrkraft zeigt sich von Marias Fähigkeiten beeindruckt und berät die pädagogischen Fachkräfte, worauf sie bei Maria bis zum Ende des Kita-Jahres besonders achten sollen, damit sie auch in anderen Bereichen gut dem Anfangsunterricht folgen können wird. Die Kita wiederum steht den Eltern hinsichtlich ihrer Fragen zur Seite und berät sie dazu, wie sie Maria unterstützen und ihr Zuversicht vermitteln können. Alle ziehen an einem Strang und der Einstieg in die Schule wird Maria so erleichtert. ■

Dieses Beispiel zeigt, dass pädagogische Fachkräfte in Kitas eine entscheidende Rolle für das Erkennen und die angemessene Förderung von besonderen Begabungen spielen können. In Marias Fall wären ihre besonderen Fähigkeiten eventuell unberücksichtigt geblieben und sie in ihrer Entwicklung ausgebremst worden, wenn die Erzieherin ihre Entwicklung nicht aufmerksam beobachtet und sich für sie eingesetzt hätte. Zudem profitieren Maria und ihre Eltern in diesem Fall von einer langjährigen und gut aufeinander abgestimmten Zusammenarbeit von Kita und Grundschule.

INTERVIEW MIT KERSTIN SCHMIDT (Einrichtungsleitung), MARINA HÜMPEL (Koordinatorin Familienzentrum), ANGELINA SCHIENKE (Begabtenpädagogin), Familienzentrum für inklusive Begabungsförderung, CJD Hannover

Ihr Familienzentrum liegt in einem sogenannten sozialen Brennpunkt. Sie arbeiten schon viele Jahre mit besonders begabten Kindern und nun auch nach dem Early-Excellence-Ansatz. Was bedeutet das für den pädagogischen Alltag?

Unser Familienzentrum widmet sich der Betreuung, Bildung und Förderung von begabten und entwicklungsschnellen Kindern, gemeinsam mit Kindern aus dem Stadtteil, in inklusiver Weise. Ziel der Einrichtung ist die Verwirklichung gleicher Bildungs- und Entwicklungschancen für alle Kinder: „Keiner darf verloren gehen". Eine unserer wichtigsten Erkenntnisse im Hinblick auf eine inklusive Begabungsförderung ist, dass wir uns konsequent an den Stärken der Kinder orientieren und lernen müssen, die Eltern als Expert*innen für ihre Kinder zu respektieren. Diese Grundhaltung reflektieren wir immer wieder im Team und überprüfen unser Handeln. Das stärkenorientierte Beobachtungsverfahren des Early-Excellence-Ansatzes ist uns hier in der Praxis sehr behilflich und hat einen positiven Effekt auf das „Bergen" von Begabungen, die vielleicht seitens der Mitarbeitenden oder der Eltern nicht sofort erkannt wurden.

Wofür ist mit Blick auf ein frühes Erkennen und Fördern kindlicher Begabungen eine gute Erziehungspartnerschaft mit den Eltern so wichtig?

Eltern sind Expertinnen und Experten für ihre Kinder. Wir belehren und „erziehen" die Eltern nicht, sondern arbeiten partnerschaftlich und wertschätzend zusammen. Die Eltern haben die Möglichkeit, an Vorträgen und Fachelternabenden zum Thema Begabung teilzunehmen. Diese Vorträge finden in einer entspannten Atmosphäre statt und die Eltern haben vorher und nachher immer noch einen Rahmen für den Austausch untereinander. In einer geschützten, von gegenseitiger Wertschätzung geprägten Atmosphäre können die Eltern leichter Fragen stellen, Sorgen äußern oder Anregungen bekommen. Dies wiederum hat positive Auswirkungen auf die individuelle Begabungsförderung der Kinder.

Können Sie ein Beispiel dafür nennen, was Sie tun, um mit Eltern ins Gespräch zu kommen?

Die Eltern können Angebote im Familienzentrum wahrnehmen, während ihre Kinder in der Einrichtung betreut werden, und Familien können direkt im Anschluss an die Betreuungszeit gemeinsam an Aktivitäten wie Familienschach oder an Forschernachmittagen teilnehmen. Im gemeinsamen Tun können Eltern Stärken und Begabungen der Kinder wahrnehmen und Erzieher*innen im Anschluss mit ihnen darüber reflektieren.

Sie führen vor der Einschulung mit allen Kindern einen Intelligenztest durch. Intelligenztests stehen ja gerade in Bezug auf benachteiligte Kinder in der Kritik, dass sie nicht fair testen würden. Warum halten Sie trotzdem daran fest?

Uns ist es wichtig, dass alle Kinder und Familien die gleichen Bildungschancen haben und wir sie bei der Entfaltung ihrer Potenziale unterstützen. Bei unseren Testungen wurde beispielsweise eine hohe Intelligenz festgestellt, die aber aufgrund von diversen Faktoren (Migration, sozialer Status, Persönlichkeit) nicht sofort ersichtlich war. Durch das schriftliche Gutachten sowie die gute Kooperation mit der Grundschule gelang es, die Potenziale entsprechend zu fördern.

IV

Kinder mit besonderen Begabungen fördern

Begabungsförderung setzt eine Grundhaltung voraus, die zum Ziel hat, auf die vielfältigen Voraussetzungen, die Kinder mitbringen, pädagogisch adäquat zu reagieren. Dazu gehört auch, Kinder in der Entfaltung besonderer Begabungen zu unterstützen. Dieses Kapitel informiert über Voraussetzungen und Methoden für eine gelingende Förderung.

1. Begabungsförderung ist individuelle Förderung

Begabungsförderung in der Kita setzt zunächst die Prinzipien der individuellen Förderung voraus. Individuelle

> Begabungsförderung ist keine isolierte pädagogische Methode.

Förderung ist dabei ein Überbegriff für sämtliche Handlungen pädagogischer Fachkräfte mit dem Ziel, jedes Kind in seiner Entwicklung und in seinem Lernen zu unterstützen und dabei individuelle Merkmale des Kindes und seiner Lebenssituation zu berücksichtigen. Voraussetzung hierfür ist zum einen, die jeweiligen Potenziale und Lernbedürfnisse eines Kindes mithilfe frühpädagogisch-diagnostischer Verfahren (z. B. Leuvener Engagiertheitsskala, KOMPIK) zu ermitteln. Zum anderen können Fachkräfte durch die Gestaltung der Lernumgebung und der Interaktion mit Kindern deren individuelle Lern- und Entwicklungsprozesse wirksam unterstützen. Begabungsförderung ist demnach keine isolierte pädagogische Methode oder spezifische Didaktik, sondern entspricht vielmehr einer Grundhaltung, die zum Ziel hat, auf die vielfältigen Voraussetzungen, die Kinder mitbringen, pädagogisch angemessen zu reagieren. Dazu gehört auch, Kinder in der Entfaltung besonderer Begabungen zu unterstützen. Die spezifischen Lernbedürfnisse der Kinder sollten daher allgemein im Vordergrund stehen – sowohl hinsichtlich der Materialien und Räume, die ihnen zur Verfügung gestellt werden, als auch in der unmittelbaren pädagogischen Arbeit mit ihnen. Werden Kinder darin bestärkt, ihren Interessen nachzugehen und ihre Fähigkeiten weiterzuentwickeln, stärkt das ihr Bewusstsein für die eigenen Begabungen und fördert ein positives Selbstbild.

Doch allein mit einer stärkenorientierten pädagogischen Haltung ist es nicht getan. Fachkräfte brauchen fundiertes Wissen darüber, woran in verschiedenen Inhaltsbereichen besondere Begabungen bei Kita-Kindern erkannt werden können. Nur so kann die Einordnung von Beobachtungen und diagnostischen Erkenntnissen zu dem einzelnen besonders begabten Kind gelingen, um daraus dann – im nächsten Schritt – passende Fördermaßnahmen abzuleiten. Zudem müssen Fachkräfte in der Lage sein, durch ihr Handeln und ihre Interaktion auch Kinder mit besonderen Begabungen in ihrer Eigenaktivität herauszufordern und ihre Spiel- und Lerninhalte so anzureichern, dass sie ihre nächsten Entwicklungsschritte selbstständig meistern können.

2. Voraussetzungen für eine gelingende Förderung

Aber was bedeutet es nun, auf die Bedürfnisse besonders begabter Kinder einzugehen? Wie kann man sie in ihrem Lernen angemessen herausfordern und unterstützen? Besonders begabte Kinder zeichnen sich vor allem dadurch aus, dass sie sich vertieft

> Fachkräfte sollten auch Kinder mit besonderen Begabungen in ihrer Eigenaktivität herausfordern.

mit speziellen Themen beschäftigen wollen und dabei schnell lernen. Manchmal haben sie auch schon ausgeprägte Interessen und suchen zusätzliche Lernherausforderungen. Das schließt nicht aus, dass sie mit den anderen Kindern in der Kita gemeinsam spielen und lernen können. Doch hin und wieder benötigen sie auch die Gelegenheit, sich ungestört vertiefen zu können. Dabei ist es nicht so wichtig, spezifische zusätzliche Angebote zu unterbreiten, sondern es kommt darauf an, die Kinder wirksam darin zu unterstützen, ihren eigenen Lerninteressen und -themen nachzugehen. Sie brauchen nicht nur „schwierigere" Aufgaben oder Spiele

DAS SOLLTEN FACHKRÄFTE BERÜCKSICHTIGEN

Wichtige Voraussetzungen, um (auch) Kindern mit besonderen Begabungen im Kita-Alltag gerecht werden zu können:

1. anerkennen, dass es vielfältige Begabungen bei Kindern gibt und besondere Begabungen somit ein Teil von Heterogenität sind
2. mit Kindern über ihre Interessen, ihre Sichtweisen und ihr Wohlbefinden sprechen und sie damit in ihren Bedürfnissen ernst nehmen
3. bereit sein, jedes Kind möglichst auf seinem Lernstandniveau zu fördern und ihm seinen nächsten Entwicklungsschritt zu ermöglichen

Bücher und Spielmaterial sollten einladend ausgestellt sein

für ältere Kinder, sondern komplexere Herausforderungen und Lernerfahrungen, z.B. in Form von Projektarbeit (vgl. Rohrmann/Rohrmann 2017).

Für die Einbindung besonders begabter Kinder in die Gruppe ist es wichtig, dass das, was sie tun, ebenso Anerkennung erfährt wie die Aktivitäten aller anderen Kinder in der Kita, z.B. indem Ergebnisse an Dokumentationswänden ausgestellt oder in Projekttagebüchern festgehalten werden und sich andere Kinder mit ihren Interessen und Fähigkeiten einbringen können, sodass Situationen des gemeinschaftlichen Lernens entstehen. Für die Fachkräfte gilt es, sich mit Freude und Interesse auf die Ideen besonders begabter Kinder einzulassen, auch wenn sie ihnen zunächst vielleicht altersunangemessen oder zu ambitioniert erscheinen. Vieles von dem, was Fachkräfte als Qualitätsanforderungen an die pädagogische Arbeit in Kitas kennen, können sie auch auf die Förderung von Kindern mit besonderen Begabungen anwenden. Bedeutsam ist nur, dass sie sich authentisch darum bemühen, deren individuelle Bedürfnisse und Interessen kennenzulernen und in ihrer Arbeit zu berücksichtigen.

Raumgestaltung und Materialangebot

Das Raumkonzept sollte vielfältige Möglichkeiten bieten, Kinder zum Lernen anzuregen. Bewährt haben sich Räume, die nach bestimmten inhaltlichen Schwerpunkten ausgerichtet sind, z.B. Lernwerkstätten oder thematisch orientierte Räume. Das Materialangebot dort sollte einladend ausgestellt sein und Kinder motivieren, sich auf unterschiedlichen Kompetenzniveaus auszuprobieren. Mit Blick auf besonders begabte Kinder ist darauf zu achten, dass zu diesem Zweck eventuell Materialien ergänzt werden müssen oder die Benutzung von Materialien für ältere Kinder ermöglicht werden muss (z.B. in einer Lese- und Schreibecke auch Bücher für Erstleser*innen). Fachkräfte wiederum brauchen Raum, um mit Kindern in Kleingruppen, aber auch individuell mit einem einzelnen Kind arbeiten zu können.

Die pauschale Anschaffung gesonderter Materialien ist nicht erforderlich. Wichtiger ist es, auf tatsächlich vorliegende Interessen oder spezifische Fähigkeiten eines oder mehrerer Kinder zu reagieren. Haben Kinder beispielsweise von einem Waldspaziergang viele Fragen zu Tieren und Pflanzen im Wald mitgebracht, kann ein „Forschertisch“ mit im Wald gesammelten Materialien eingerichtet und gezielt mit themenbezogenem Material (Büchern, Lupen, Spielen) ergänzt werden, um aktuelle Fragen der Kinder aufzugreifen und neue anzuregen. Zudem können die Kinder an Entscheidungen beteiligt werden, welche Materialien, Spiele etc. angeschafft werden. Von besonderer Bedeutung ist, dass Kinder im wahrsten Sinne des Wortes ausreichend Raum haben: Raum, um zwischen verschiedenen Angeboten in verschiedenen Schwierigkeitsgraden zu wählen; Raum für ihre Ideen; Raum, um selbst zu gestalten und „Spuren zu hinterlassen“; Raum für das Arbeiten in Kleingruppen und Raum zum alleinigen Vertiefen. Zudem hat es sich bewährt, nicht zu viel fertige Spielmaterialien und stattdessen alltagsnahes Material wie z.B. Pappkartons, ausrangierte Haushaltsgegenstände und -geräte zur Verfügung zu stellen. In Lernwerkstätten erhalten Kinder die Möglichkeit zu forschendem Lernen und zum Ausprobieren verschiedener Techniken (z.B. in einem Atelier mit Farben, Ton, Steinen, Holz usw.) (vgl. z.B. Schäfer/von der Beek 2013; van Dieken 2011).

Das Raumkonzept sollte vielfältige Möglichkeiten bieten, Kinder zum Lernen anzuregen.

BEISPIELE FÜR EINE LERNANREGENDE INTERAKTION ZWISCHEN FACHKRAFT UND KIND

(nach König 2010)

Gespräch initiieren	Die Fachkraft stellt W-Fragen.
Aktives Zuhören	Die Fachkraft wiederholt Aussagen des Kindes oder fragt nach. Sie begleitet das Tun des Kindes durch Benennen, kommentiert.
Dem Kind eine positive Reaktion geben	Die Fachkraft zeigt Interesse am genauen Tun des Kindes, gibt ihm Feedback zu seinem Tun, lobt dabei die Anstrengung des Kindes.
Das Kind zum Vertiefen eines Themas motivieren	Die Fachkraft stellt einen Bezug zu einem bekannten Sachverhalt her, lässt sich das Tun des Kindes erklären, fragt nach Gründen, Ursachen oder Ähnlichkeiten zu Bekanntem, ermuntert zur Wiederaufnahme oder Vertiefung einer Tätigkeit/Aktivität.
Den Erfahrungsraum des Kindes erweitern	Die Fachkraft erklärt etwas, spricht frühere Erfahrungen oder bereits bekannte/s Techniken/Wissen an, ermutigt das Kind zu neuen Erfahrungen oder einer höheren Schwierigkeitsstufe, gibt auf Nachfrage konstruktive Tipps oder Hinweise oder hilft dem Kind herauszufinden, wie es Probleme lösen kann.

Dialogische Grundhaltung

Für das Lernen und das Wohlbefinden von Kindern ist es wichtig, dass sie sich angenommen und zugehörig fühlen. Eine achtsame Kommunikation vonseiten der Fachkräfte ist daher von großer Bedeutung. Kinder müssen Empathie für ihre Bedürfnisse und ein echtes Interesse an ihren Sichtweisen erfahren, damit die emotionalen Voraussetzungen für erfolgreiches Lernen erfüllt sind. Zudem können Fachkräfte mit der Art und Weise, wie sie Dialoge mit Kindern führen, deren Lernen anregen und unterstützen. Sie sollten sich mit vorschnellen Erklärungen und Antworten zurückhalten und stattdessen Kinder durch geschicktes Fragen motivieren, eigene Antworten auf gestellte Fragen zu finden. Zudem können sie Kinder gezielt zum Nachdenken und zu kritischer Reflexion anregen. Beides unterstützt die Entwicklung kognitiver und metakognitiver Fähigkeiten.

Partizipation

Partizipation ermöglicht Kindern, sich mit eigenen Meinungen oder Ideen und mit einer gleichberechtigten Position in Entscheidungsprozesse einzubringen. Das können Kinder nicht von Anfang an. Pädagogische Fachkräfte müssen diese Aushandlungsprozesse zulassen, methodisch altersgerecht gestalten und den Kindern im Konfliktfall moderierend zur Seite stehen. Eine Einrichtungskultur mit einer gelebten partizipativen Grundhaltung unterstützt auch Kinder mit besonderen Begabungen darin, mit ihren Bedürfnissen, Interessen und Fähigkeiten wahrgenommen zu werden. Werden Kinder an Entscheidungen beteiligt, lernen sie, ihre Bedürfnisse angemessen zu signalisieren, und können ihre Fragen und Themen in die Ausgestaltung pädagogischer Angebote einbringen. Nebenbei lernen sie, auch auf die Sichtweisen und Anliegen anderer Kinder einzugehen und Kompromisse zu finden. So gelingt es, unterschiedliche Begabungsniveaus anzuerkennen und zu berücksichtigen. Das stärkt das Zugehörigkeitsgefühl und fördert die sozialen Kompetenzen der Kinder.

Mit einer konsequent gelebten Partizipation lässt sich auch wirksam der Sorge begegnen, die Fachkräfte könnten Kindern mit besonderen Begabungen in der Kita nicht gerecht werden. Werden Kinder regelmäßig zu ihren Bedürfnissen befragt, können Fachkräfte diese gezielter berücksichtigen. Zudem können sie gemeinsam mit den Kindern Ideen entwickeln und Wege aushandeln, wie Themen der Kinder bearbeitet werden können. Schließlich beugt Partizipation einer unhinterfragten Fremdbestimmung der Kinder vor. Es kommt nicht selten vor, dass Eltern oder Fachkräfte angesichts einer besonderen Begabung eines Kindes vergessen, dieses in Überlegungen zu seiner Förderung einzubeziehen. Stattdessen formulieren die Erwachsenen Annahmen, was für das Kind am besten sei und was es tun müsse. Im ungünstigen Fall führt das dazu, dass sich gut gemeinte Intentionen beeinträchtigend auf die weitere Ent-

> Partizipation beugt einer Fremdbestimmung von Kindern vor.

wicklung und das Wohlbefinden des Kindes auswirken. Auch davor kann eine angemessene Beteiligung von Kindern an Entscheidungsprozessen bewahren.

Selbstgesteuertes Lernen
Kinder mit besonderen Begabungen haben oft einen immensen Drang nach selbstgesteuertem Lernen. Es ist daher wichtig, dass die Kita weitgehend auf Angebote verzichtet, bei denen der Aktivitätsrahmen für die Kinder schon stark vorgegeben ist. Kinder können und wollen Verantwortung für ihr Lernen übernehmen.

„Selber-Machen" ermöglicht Teilhabe und selbstgesteuertes Lernen

MÖGLICHE ENTWICKLUNGSGEFÄHRDUNGEN AUFGRUND VON UNHINTERFRAGTER FREMDBESTIMMUNG
(nach Hoffsommer/Koop 2017)

Fremdbestimmung begünstigende Annahme	Mögliche Auswirkungen
Damit sollte sich das Kind jetzt noch nicht beschäftigen, sonst langweilt es sich in der Schule.	Das Ausbremsen intrinsisch motivierter Lerninteressen führt zu Frustration. Langfristig kann das ein Kind unterfordern und damit die Entwicklung wichtiger Fähigkeiten wie z. B. von Anstrengungsbereitschaft und Frustrationstoleranz sowie den Erwerb von Lernstrategien behindern.
Mit dieser Begabung sollte das Kind unbedingt ... (ein Instrument lernen, Schach spielen, eine Fremdsprache lernen etc).	Sind die Förderangebote nicht auf die Interessen und Vorlieben eines Kindes abgestimmt, droht ebenfalls Frustration, insbesondere bei solchen Aktivitäten, die viel Übung erfordern. Kinder erfahren zudem bei zu viel fremdbestimmter Förderung nicht, wofür sie „brennen", was die Entwicklung eines realistischen Selbstkonzeptes behindert.
Das Kind ist besonders begabt; es braucht keine Unterstützung beim Lernen.	Für die Entfaltung ihrer Begabungen brauchen besonders begabte Kinder ebenso Unterstützung – angepasst an das jeweilige Kompetenzniveau. Andernfalls drohen Unterforderung und Langeweile und in der Folge Einschränkungen bzgl. der selbstregulativen Lernkompetenzen oder für das seelische Wohlbefinden des Kindes. Zudem darf der Blick auf besondere Fähigkeiten nicht dazu führen, spezifische Entwicklungsaufgaben eines Kindes zu „übersehen".

Sie können einzeln und in Gruppen einbezogen werden in die Auswahl dessen, was sie lernen möchten, sowie in die Planung, Strukturierung und Organisation des Lernprozesses (vgl. Schenker 2010a). Selbstbestimmtes Lernen ermöglicht es Kindern, ein Bewusstsein für ihr Lernen zu entwickeln und wichtige motivationale und emotionale Kompetenzen zu erwerben wie z.B. den Umgang mit Misserfolgen und Rückschlägen oder Durchhaltevermögen. Sie werden so darin unterstützt, ihren individuellen Interessen nachzugehen und ihre besonderen Potenziale zu entfalten.

Vorwissen berücksichtigen

Bei allen Aktivitäten in der Kita sollte berücksichtigt werden, dass Kinder bereits über Vorwissen und Kompetenzen verfügen – in individuell unterschiedlichem Maße. Anhaltende Langeweile und Unterforderung können langfristig eine Entwicklungsgefährdung für Kinder mit besonderen Begabungen darstellen, zumindest aber die Entfaltung ihrer Potenziale behindern. Angebote in der Kita sollten daher so gestaltet sein, dass sie Kindern ermöglichen, an bereits Gelerntes anzuknüpfen, sich auch mit komplexen Themen aus ihrem Alltag auseinanderzusetzen und ihre Fähigkeiten weiterzuentwickeln. Fachkräfte sollten Kinder dazu befragen, was sie schon zu einem Thema wissen oder können und was sie als Nächstes lernen möchten. Darauf aufbauende Angebote sollten die Antworten der Kinder berücksichtigen. Expert*innen wie z.B. Künstler, Musikerinnen, Handwerker, Wissenschaftlerinnen einzubeziehen oder authentische Lernorte wie z.B. Museen, Werkstätten, Bibliotheken aufzusuchen, ermöglicht ganz andere Lernerfahrungen als das Betrachten von Kinder-Sachbüchern oder das Singen im Morgenkreis – vorausgesetzt, auch bei diesen Aktivitäten sind die Kinder nicht nur staunen-

Bei allen Aktivitäten muss berücksichtigt werden, dass Kinder bereits über Vorwissen und Kompetenzen verfügen.

METHODEN ZUM REFLEKTIEREN VON LERNPROZESSEN UND AKTIVITÄTEN IM KITA-ALLTAG

(nach Ruckdeschel 2017, S. 33ff.)

Power-Voting

Kinder können zu einer Sache eine Bewertung abgeben. Besonders beliebt sind Bewertungen mittels Aktionen, z.B. Daumen hoch/runter, Positionierung im Raum, durch Nutzung von Musikinstrumenten. Um Antworten nach sozialer Erwünschtheit oder Gruppenbildung nach Sympathie zu vermeiden, sollte die Moderation den Kindern immer wieder Gelegenheit geben, ihre Meinung mit eigenen Worten zu erläutern.

Projektbuch

Die Kinder dokumentieren ihre Aktivitäten und ihr Lernen in einem Projekt. Sie entscheiden gemeinsam mit den Fachkräften, welche Vorlage (Fotoalbum, Ordner, Hefte etc.) ausgewählt und welche Inhalte ins Projektbuch geschrieben, gemalt und geklebt werden. Nach Fertigstellung wird das Buch an einem gut zugänglichen, sichtbaren Ort präsentiert. Die Kinder können so immer wieder einzeln, miteinander, mit Eltern oder Fachkräften ihre Erfahrungen austauschen und reflektieren. Es ist von besonderer Bedeutung, dass die Reflexions-/Lese-Ecke nur für diesen Zweck genutzt wird, einladend gestaltet ist, nicht überfrachtet wird und sich dort aktuelle Projektbücher befinden.

Metaplan-Kinderbefragung

Mithilfe von Brainstorming oder Brainpainting/-writing werden z.B. zu einem Projekt oder einem Thema Ideen und Aktivitäten gesammelt. Diese werden anschließend mit den Kindern nach ähnlichen Rubriken sortiert und gebündelt (Clustern) und Oberbegriffe gesucht. Anschließend geben die Kinder unter einer spezifischen Fragestellung (z.B.: Wie gut ist das gelungen? Wie gefällt uns das? Was gefiel uns nicht?) ihre Bewertungen zu den einzelnen Rubriken ab. Es wird reflektiert, was beim nächsten Mal anders gemacht werden soll.

de Zuschauende, sondern werden zur Selbsttätigkeit angeregt und methodisch vielfältig herausgefordert.

Über das Lernen reden

Kinder mit besonderen Begabungen lernen vieles „beiläufig", ohne dass ihnen das bewusst ist. Damit auch sie ein positives Selbstbild im Hinblick auf ihre Kompetenzen entwickeln, ist es wichtig, dass sie erleben, neue Herausforderungen mittels eigener Fähigkeiten angehen und bewältigen zu können. Pädagogische Fachkräfte sollten deshalb auch mit besonders begabten Kindern regelmäßig über ihr Lernen reflektieren. Das fördert die metakognitiven Kompetenzen der Kinder. Dies gelingt, indem das Lernen selbst zum Gegenstand der Gespräche mit den Kindern wird: „Es geht mit anderen Worten um die Unterscheidung zwischen dem, dass man etwas lernt, und dem, sich bewusst zu sein, dass und wie man etwas lernt. Gerade indem man die Kinder dazu bringt, die Perspektive zu wechseln, erlangen sie das entsprechende Bewusstsein" (Pramling Samuelsson/Carlsson 2007, S. 97f.). Eine Möglichkeit, über das Lernen zu reflektieren, ist die Arbeit mit Portfolios. Wenn Fachkräfte mit einem Kind über ihre Beobachtungen und seine Dokumente im Portfolio-Ordner sprechen, sollten sie in den Mittelpunkt stellen, wie der individuelle Lernprozess des Kindes verlief, wie es Herausforderungen gemeistert und durch welche Aktivitäten es seine

> Fachkräfte sollten auch mit (hoch-)begabten Kindern regelmäßig über ihr Lernen reflektieren.

Kompetenzen erweitert hat. Auch sollten Kinder regelmäßig vor der Beschäftigung mit einem neuen Thema dazu angehalten werden, zunächst darüber nachzudenken, was sie schon darüber wissen, und Vermutungen über den neuen Lerngegenstand anzustellen. Im Nachgang können sie dann ihren Lernfortschritt und ihr Vorgehen beim Lernen beschreiben.

Eine weitere Möglichkeit, metakognitive Denkprozesse von Kindern zu fördern, ist die Reflexion in Gruppensettings. Damit dies gut gelingt, sind aufseiten der Fachkräfte methodische Vorüberlegungen notwendig, denn es ist wichtig, dass die Kinder tatsächlich ihre eigene Meinung äußern und sich nicht nur an den Aussagen anderer Kinder orientieren. Ruckdeschel (2017) beschreibt einige hilfreiche Methoden für die Reflexionsarbeit mit Kita-Kindern und berichtet von Erfahrungen, dass ein regelmäßiger Einsatz auch dazu führt, dass Kinder auf diesem Weg auch für ein sozial verantwortliches Denken und Handeln sensibilisiert werden. Sie lernen ganz nebenbei demokratische Basiskompetenzen wie z. B. das Einhalten von Regeln für eine Gruppendiskussion, das Annehmen unterschiedlicher Meinungen und Anregungen oder den Blick für Kinder, die bei manchen Aufgaben noch Hilfe brauchen (vgl. auch Ruckdeschel/Mull 2015).

Eine besondere Form der Lernreflexion ist das Service Learning. Hierbei geben Kinder auf der Basis eigener Kompetenzen etwas an die Gemeinschaft zurück. Sie übernehmen dabei einzeln oder in einer Gruppe die Expertenrolle und geben ihr Können oder ihre Erfahrungen an andere weiter. Dabei entwickeln sie ein Bewusstsein für die eigenen Stärken und übernehmen Verantwortung für andere. Insbesondere bei Gruppenprojekten zum Service Learning erhalten besonders begabte Kinder die Möglichkeit, sich als wertvolles Mitglied einer Gemeinschaft zu erleben, da ihre Fähigkeiten wichtig für den Erfolg der Gruppe sind. Hirschbolz-Ter (2019) berichtet, dass auf diese Weise sehr ambitionierte Ergebnisse entstehen können wie z. B. ein von Kita-Kindern entwickeltes Theaterstück für Grundschulkinder zu den Kinderrechten oder die Vermittlung von Verhaltensregeln für den Umgang mit einem Therapiehund.

Die Bedeutung des Spiels

Die Vorstellung, Kinder mit besonderen Begabungen würden weniger oder überwiegend allein spielen, ist irreführend. Auch für ihre Entwicklung ist das Spielen bedeutsam. Im Spiel befinden sich Kinder „in einem kontinuierlichen experimentellen Dialog zwischen sich, der Umwelt und der Kindergruppe" (Schenker 2010b, S. 299) und lernen von sich aus, anknüpfend an ihren individuellen Entwicklungsstand. Wichtig ist aber, dass Fachkräfte die Voraussetzungen dafür schaffen, dass auch für besonders begabte Kinder sowohl ein vielfältiges und variantenreiches Spiel als auch die Einbindung in Kindergruppen möglich ist. In altersgemischten Gruppen haben es Kinder mit besonderen Begabungen leichter, Spielpartner*innen zu finden. Hier stoßen sie eher auf Kinder mit ähnlichen Interessen und Fähigkeiten. Entgegen einigen Vorurteilen sind besonders begabte Kinder aufgrund ihres fantasiereichen Spiels und ihrer vielen Ideen durchaus beliebte Spielpartner*innen. Kommt es doch einmal vor, dass ein Kind oft allein spielt oder sich gar zurückzieht, sollten Fachkräfte mögliche Ursachen dafür unvoreingenommen prüfen und keine einseiti-

> Beim „Service Learning" übernehmen Kinder die Expertenrolle und geben ihr Können an andere weiter.

gen Erwartungen an das Kind richten. Vielmehr gilt es herauszufinden, was es ihm erleichtern kann, passende Spielpartner*innen zu finden. So ändert sich beispielsweise für ein besonders begabtes Vorschulkind manchmal die Situation im letzten Kita-Jahr, wenn die älteren, aber eher entwicklungsgleichen Kinder eingeschult wurden und es anschließend Schwierigkeiten hat, passende Spielpartner*innen zu finden. Dann ist es Aufgabe der pädagogischen Fachkräfte, mit dem Kind nach Lösungen zu suchen, wie auch ihm die soziale Einbindung in eine Gruppe von Kindern mit ähnlichem Entwicklungsstand ermöglicht werden kann.

Im Unterschied zu vielen anderen Aktivitäten in der Kita zeichnet sich das Spiel dadurch aus, dass Kinder dabei weitgehend ohne Zutun der Fachkräfte handeln. Dennoch haben Fachkräfte zahlreiche Möglichkeiten, das Spiel der Kinder zu bereichern, ohne es zu stören. Das beginnt bei der Gestaltung der Räume, in denen Kinder spielen, umfasst die Präsenz, mit der die Fachkräfte das Geschehen vom Rand beobachten und begleiten, und beinhaltet – im Einzelfall – auch die gezielte Anreicherung des Spiels durch kleine Impulse zur Variation oder Vertiefung. Hinzu kommt eine bewusste Gestaltung des Dialogs mit den Kindern über ihr Spiel, z. B. in Form von Portfolio-Arbeit oder Lerngeschichten, damit den Kindern bewusst wird, wie sie im Spiel lernen und ihre Kompetenzen erweitern.

> In altersgemischten Gruppen finden besonders begabte Kinder leichter Spielpartner*innen.

Bei der Projektarbeit bringen sich alle mit ihren Fähigkeiten und Kenntnissen ein

3. Besonders geeignete Methoden

Einige Methoden berücksichtigen in ganz besonderer Weise die hohe Wissbegier und Motivation von Kindern mit besonderen Begabungen, da sie es ermöglichen, sich intensiv mit Themen zu beschäftigen. Das fördert die lernmethodische Kompetenz der Kinder und ist damit ein wichtiger Baustein für die Begabungsentfaltung. Mit der Projektarbeit und dem Philosophieren mit Kindern möchten wir zwei Beispiele herausgreifen. An ihnen wird deutlich, dass es für die Förderung von Kindern mit besonderen Begabungen nicht so sehr darauf ankommt, spezifische pädagogische Materialien anzuschaffen. Zudem eignen sich beide Methoden gut, um das gemeinsame Lernen von Kindern mit unterschiedlichem Vorwissen und Vertiefungsinteresse zu vereinbaren. Ähnlich geeignet sind aus den gleichen Gründen die kunst- und musikpädagogische Arbeit, wenn sie darauf ausgerichtet ist, Kindern komplexe Lernerfahrungen an authentischen Orten der Kunst und Musik mit „realen“ Kunstwerken und Musikstücken oder mit professionellen Kunst- und Musikschaffenden zu ermöglichen (vgl. z. B. Philp 2011).

Projektarbeit

Projektarbeit ist besonders dazu geeignet, mit Kindern an lebensweltnahen Themen zu arbeiten und dabei verschiedene Entwicklungsstände und Vorkenntnisse zu berücksichtigen. Sie ermöglicht prinzipiell die Einbindung aller Kinder einer Gruppe, die sich ein Thema gemeinsam erarbeiten. So können die Kinder von besonderen Interessen Einzelner profitieren und sich z. B. auch Kinder mit vergleichsweise großem Vorwissen und hohen Kompetenzen sehr gut einbringen. Berger und Schneider (2017) konnten beispielsweise zeigen, dass kognitiv besonders begabte Kinder über ein breites Interessenprofil verfügen und sich bei freiwilligen Projektangeboten häufiger für die Teilnahme an mehreren Projekten entscheiden. Dabei waren sie beliebte Partner*innen in den Projekten und konnten häufiger in gemeinsamen Spielsituationen als in Einzelspielsituationen beobachtet werden.

Projektarbeit ermöglicht nicht nur die gleichzeitige Anregung unterschiedlicher Kompetenzbereiche und die Erweiterung lernmethodischer Kompetenzen. Sie ist für besonders begabte Kinder auch vor allem deshalb gut geeignet, weil sie ihrem häufig ausgeprägten Wunsch nach Eigenverantwortung für den Lernprozess entgegenkommt. Damit Kinder in diesem Sinne von Projektarbeit profitieren, ist didaktisch einiges zu beachten. Selbstgesteuertes Lernen und lernmethodische Kompetenzen werden nur dann gefördert, wenn die Kinder bei der Auswahl der Themen, Ziele und Umsetzungswege eines Projektes konsequent mitbestimmen können und möglichst viele Lernbereiche gleichzeitig angesprochen werden. Legen Erwachsene das Thema fest, können Kinder nur aus vorgegebenen Materialien oder Optionen auswählen oder sind die Aufgaben stark vorstrukturiert, bleiben wertvolle Potenziale der Projektarbeit ungenutzt (vgl. Schenker 2010c). Was im Hinblick auf die Förderung selbstgesteuerten Lernens und lernmethodischer Kompetenzen im Projektverlauf zu beachten ist, werden wir im Folgenden sowohl in der Theorie als auch an einem Praxisbeispiel vorstellen.

> Projektarbeit ist sehr gut geeignet, um verschiedene Entwicklungsstände und Vorkenntnisse der Kinder zu berücksichtigen.

Wahl des Themas

Die Kinder bestimmen selbst das Thema, an dem sie arbeiten möchten. Themen können fortlaufend in einer Wunsch-Box gesammelt werden. Später werden die Ideen von den einzelnen Kindern in einer Kinderkonferenz vorgestellt und es wird abgestimmt, welche Projekte als nächstes realisiert werden. Finden zwei oder drei Projekte gleichzeitig statt, haben die Kinder zudem die Möglichkeit, sich interessengeleitet für ein Projekt zu entscheiden.

■ **Beispiel:** Ausgangspunkt für das Zahlenprojekt war das Interesse von Yannis, der sich mit 5 Jahren bereits intensiv mit Zahlen im Zahlenraum bis 1.000 beschäftigte und im Alltag immer wieder neue Matheaufgaben einforderte. Er war ein beliebtes Kind und konnte andere Kinder ebenso für Zahlen und das Lösen von Aufgaben begeistern. Aus diesem Interesse heraus entstand das Zahlenprojekt. ■

Vorwissen berücksichtigen und Zielsetzung erarbeiten

Die Anschlussfähigkeit des Projektes an die Interessen und das Vorwissen der Kinder ist eine wichtige Voraussetzung für ein hohes Engagement. Es gibt verschiedene Methoden, mit denen erhoben werden kann, was die Kinder schon über ein Projektthema wissen, z.B. mittels Mindmaps oder Wissenslandkarten. Diese können am Ende des Projektes auch zur Dokumentation von Wissenszuwächsen genutzt werden. Dokumentiert wird mit allem, was dazu geeignet ist: Zeichnungen, Zeitungsausschnitte, Notizen in einfacher Sprache durch eine assistierende Fachkraft oder ein Kind, das schon etwas schreiben kann. Ausgehend vom Vorwissen der Kinder kann die Projektgruppe nun gemeinsam überlegen, welche Ziele sie sich für das Projekt setzen möchte. Was wollen die Kinder wissen oder lernen? Dabei sollte die Machbarkeit einzelner Ideen noch nicht bewertet werden, um die Ideensammlung nicht einzuschränken.

■ **Beispiel:** Durch Beobachtungen sowie mittels Befragungen der Kinder in Einzelgesprächen und im gemeinsamen Morgenkreis erfuhren die pädagogischen Fachkräfte, was Yannis und die anderen Kinder besonders an Zahlen interessiert. Die Kinder wollten z.B. Zahlen basteln, aber auch herausfinden, wie groß sie sind und wo man überall Zahlen findet und braucht. Auch Yannis hatte so die Möglichkeit, sein Vorwissen einzubringen und zu sagen, was ihn interessiert. Die gemeinsamen Ziele wurden zu Beginn in mehreren Morgenkreisen besprochen und auf gemalten Bildern an Stellwänden für alle gut sichtbar präsentiert. ■

LERNMETHODISCHE KOMPETENZEN

Der Begriff beschreibt die Fähigkeit zu verstehen, wie Lernen eigentlich passiert und welchen Einflüssen es unterliegt. Lernmethodisch kompetente Kinder sind in der Lage, das eigene Lernen zu planen, zu steuern und zu regulieren – kurz: passende Lernstrategien für sich zu entwickeln. Diese wichtige Fähigkeit bildet den Grundstein für selbstständiges und lebenslanges Lernen. Je öfter Kinder Gelegenheit bekommen, ihr Lernen zu reflektieren und Lernwege mitzugestalten, desto besser können sie die dafür nötigen Kompetenzen entwickeln.

Projektplan erarbeiten

Ausgehend von den Vorüberlegungen beraten die Kinder, auf welchen Wegen sie die Projektziele erreichen wollen. Was brauchen sie dazu? Wer besorgt das notwendige Material? Wen wollen sie einbeziehen, befragen, besuchen? Soll ein Experte eingeladen oder eine Expertin besucht werden? Wer übernimmt was? Die Aufgabe der Fachkräfte besteht vor allem darin, die Denk- und Erkenntnisprozesse der Kinder bewusst zu erweitern. Sie geben keine Lösungen vor, sondern moderieren, unterbreiten auch Vorschläge, klären ggf. über Kosten und Aufwand von Ideen auf und beraten auf Wunsch die Kinder – doch am Ende sollten die Kinder maßgeblich mitentscheiden können, was wie realisiert wird. So wird das eigenaktive Lernen der Kinder besonders gut herausgefordert.

> Die Aufgabe der Fachkräfte besteht darin, die Denk- und Erkenntnisprozesse der Kinder zu erweitern.

■ **Beispiel:** Die Kinder überlegten, womit sie ihre Größe messen könnten, und wählten einen Zollstock aus. Sie wollten lernen, wie man damit arbeitet, und viele verschiedene Dinge ausmessen. Einem Kind fiel auf, dass es Lieder mit Zahlen gibt (z. B. „Mein Hut, der hat drei Ecken"), und so sammelten die Kinder Lieder für den Morgenkreis. Viele weitere Ideen kamen hinzu: ein Spaziergang durch den Stadtteil, um zu schauen, wo es überall Zahlen gibt; ein Museumsbesuch im „Matheland"; verschiedene Uhren lesen lernen usw. Die Kinder beschäftigten sich über einen Zeitraum von mehreren Monaten auf unterschiedliche Weise mit Zahlen und besprachen ihre Ideen im morgendlichen Stuhlkreis. Jede Idee war berechtigt. Yannis dokumentierte die Aktivitäten in einem Projektplan und gemeinsam mit den anderen Kindern in einem Projekttagebuch. ■

Umsetzung des Projektes

In der Phase der Durchführung werden verschiedenste Kompetenzen benötigt und auch erworben. Es gibt Selbsttätigkeit und Kooperation, körperliche und geistige Aktivitäten, und es gilt, Herausforderungen zu meistern, mit Rückschlägen umzugehen und aus Fehlern zu lernen. Die Fachkräfte sind präsent, ohne das Vorgehen zu steuern, sie unterstützen dort, wo es notwendig erscheint, und helfen den Kindern dabei, das Geschehen zu dokumentieren. Von besonderer Bedeutung sind auch hier Gespräche, die die Eigenaktivität der Kinder anregen und ihre Problemlöseprozesse unterstützen.

■ **Beispiel:** Es wurden Würfelspiele gespielt, Zahlen gebastelt, Zahlen an Fenster geschrieben, um sie von verschiedenen Seiten anschauen zu können, es wurde mit Bilderbüchern über Zahlen gearbeitet, viel gesungen und mit Zahlen geturnt. Die Kinder lernten die Uhr und entdeckten sogar Kunst mit Zahlen (Bildbetrachtung eines Werkes von Dalí). Auf Spaziergängen erkundeten sie, wo überall Zahlen zu finden sind, fotografierten diese und stellten die Fotos in der Einrichtung aus. Auch ein Besuch im „Matheland" (Museum für Industriekultur) war Teil des Projekts. Dort fanden alle Kinder – und so auch Yannis – passende Anregungen für ihr jeweiliges Lernniveau. Während des Projekts gab es keine Konkurrenz unter den Kindern, denn alle konnten sich mit ihren Interessen und Fähigkeiten einbringen. Den Abschluss des Projektes bildete auf Wunsch der Kinder eine Schatzsuche mit Mathe-Knobelaufgaben. Auch für Yannis gab es innerhalb des Projektes viele Dinge, die seinem Vorwissen entsprachen, und es bereitete ihm Freude, mehr über Zahlen zu lernen. Zudem übernahm er eine Art Expertenrolle für die anderen Kinder, z. B. wurde er von ihnen oft um Hilfe

Projektarbeit ermöglicht auch eigenständiges Forschen

gebeten, wenn sie bei Zahlenspielen oder beim Schreiben von Zahlen Fragen hatten. ■

Reflexion des Projektes

In dieser Projektphase reflektieren die Kinder noch einmal bewusst über ihren Lernprozess: Was haben sie gelernt und wie haben sie Schwierigkeiten gemeistert? Was konnten sie realisieren und was ließ sich nicht umsetzen? Was ist aus dem Projekt entstanden und wem wollen die Kinder davon berichten? Die Dokumentationen der Fachkräfte sind hierfür eine wichtige Grundlage. Unterstützt werden kann diese reflexive Phase auch durch eine Präsentation der Ergebnisse in unterschiedlichster Form. Doch auch hier gilt, dass die Kinder entscheiden sollten, wie sie z. B. Eltern oder andere Kinder in der Einrichtung darüber informieren, was sie gemacht und gelernt haben.

■ **Beispiel:** Das Zahlenprojekt wurde mit einem großen Abschlussfest beendet. Darüber hinaus wurde es durch die pädagogischen Fachkräfte ausgewertet. Grundlage war eine Kinderbefragung, in der die Kinder Fragen wie „An was könnt ihr euch erinnern?", „Was hat euch am Projekt besonders gut/gar nicht gut gefallen?", „Was hat euch noch gefehlt?" reflektierten. Die gemeinsame Erkenntnis zum Abschluss war: Zahlen und Mathematik sind überall! ■

(Die Autorinnen danken Silke Forstmeier und dem Team der Ev. Kindertagesstätte St. Stephan in Würzburg (vgl. Forstmeier 2012) sowie dem Team des Hauses für frühe Bildung und Begabung des CJD Nürnberg (vgl. CJD Nürnberg 2019) für die Bereitstellung ihrer Projektberichte.)

Philosophieren mit Kindern

Eine weitere Methode, die sich gut für die integrative Förderung von Kindern mit besonderen Begabungen eignet, ist das Philosophieren mit Kindern. Auch hierbei wird der große Wissensdurst der Kinder aufgegriffen, ohne dass die Fachkräfte unter den Druck geraten, für alle Fragen eine Antwort parat zu haben. Das gemeinsame Philosophieren kann passgenau an das individuelle Vorwissen und die Alltagsvorstellungen von Kindern anknüpfen. Es ermöglicht die Auseinandersetzung mit eigenen Fragen, was die Lernmotivation und das Engagement der Kinder und damit das selbstbestimmte Lernen fördert. Begabten Kindern kommt die Methode entgegen, denn es geht darum, sich nicht mit der erstbesten

> Mit dem gemeinsamen Philosophieren wird dem Wunsch der Kinder nach eigenständigem Denken Rechnung getragen.

Antwort zufriedenzugeben, sondern zu hinterfragen und tiefergehende Einsichten zu erlangen. Damit wird ihrem Wunsch nach eigenständigem Denken Rechnung getragen. Gleichzeitig lernen sie, sich auch in die Gedankengänge anderer hineinzuversetzen und diese nachzuvollziehen.

Ein kreativer Einsatz des Philosophierens ermöglicht es, das Lernen in unterschiedlichen Inhaltsbereichen zu fördern (vgl. Calvert 2020). Fragen zu Zusammenhängen in der Natur, zu Tieren oder Pflanzen können sowohl aus naturwissenschaftlicher Sicht näher beleuchtet werden als auch unter dem Aspekt, was gutes und schlechtes Handeln ausmachen und woran man es erkennen kann. Ausgehend von scheinbar einfachen Fragen wie z. B. „Können Tiere sprechen?" oder „Können Pflanzen glücklich sein?" können sich die Kinder naturwissenschaftliche Inhalte und Konzepte erarbeiten und setzen sich zudem mit moralischen Gedanken auseinander. Auch Fragen dazu, was uns als Menschen ausmacht und was unterschiedlichen Menschen wichtig ist, woran sie glauben, was sie glücklich oder unglücklich macht, sind spannend zu erkunden und fördern die Fähigkeit zur Perspektivübernahme und Empathie und damit soziale Kompetenzen. Das Philosophieren aktiviert die kognitiven Fähigkeiten der Kinder (z. B. Begriffe hinsichtlich ihrer Bedeutung zu ordnen) und schult ihre sprachlich-analytischen Fähigkeiten.

Für die Umsetzung ist es – ähnlich wie bei der Projektarbeit – besonders wichtig, dass die Fachkraft aus einem reflektierten Rollenverständnis und einer dialogischen Grundhaltung heraus agiert. Die Bedürfnisse der Kinder dürfen nicht unterschiedlich gewichtet oder bewertet werden. Den Kindern sollte das Gefühl vermittelt werden, dass jede Äußerung die Diskussion bereichert. Aufseiten der Fachkraft erfordert dies die Fähigkeit, zuhören zu können, den Kindern dabei zu helfen, ihre Gedanken auszudrücken, und vor allem das Gespräch der Gruppe zu moderieren. Sie kann auch Impulse geben, doch die Kinder entscheiden, ob etwas und was daraus entsteht.

4. Der Übergang in die Grundschule

Der Übergang von der Kita in die Grundschule ist für Kinder ein Prozess, der den Wechsel von einer vertrauten in eine neue, unbekannte Umgebung bedeutet. Er stellt für sie eine bedeutsame Entwicklungsaufgabe dar und ist mit Chancen und Risiken verbunden – das gilt auch für Kinder mit besonderen Begabungen. In den vergangenen 20 Jahren wurden in Forschung und Praxis zahlreiche Konzepte entwickelt und evaluiert, die zum Ziel haben, den Schulübergang für Kinder sensibel zu gestalten und mögliche Risiken zu reduzieren. Dabei wurde die einseitige Betrachtung der „Schulreife" des Kindes durch eine Denkweise abgelöst, nach der auch die institutionellen Bedingungen aufseiten der Kindertageseinrichtung und

Kita-Kinder sollten in ihren Schreibversuchen nicht ausgebremst werden

der Grundschule sowie familiäre Faktoren eine bedeutsame Rolle für den Verlauf des Übergangs spielen. Es erscheint wichtig, daran zu erinnern, denn bei Kindern mit besonderen Begabungen laufen die Überlegungen zum richtigen Zeitpunkt für die Einschulung manchmal Gefahr, sich zu stark auf Merkmale des Kindes zu verengen. Doch auch für diese Kinder sind eine tragfähige Erziehungspartnerschaft mit den Eltern, das Einbeziehen der Kinder und eine gute Zusammenarbeit der Institutionen wichtige Voraussetzungen für gelingende Übergänge (vgl. Seddig 2019).

Herausforderungen ergeben sich für besonders begabte Kinder oft durch die Tatsache, dass sie schon mit einem größeren Vorwissen in die Schule kommen und eine Unterforderung vermieden werden muss. Erschwerend kommt manchmal hinzu, dass die Kinder nur in einzelnen Bereichen eine fortgeschrittene Entwicklung zeigen. Nicht selten stellt sich daher die Frage nach einer vorzeitigen Einschulung. Und auch für den Fall, dass ein besonders begabtes Kind nicht früher eingeschult wird, ergeben sich für das letzte Jahr in der Kita Fragen hinsichtlich einer angemessenen Förderung. All diese Überlegungen zeigen, dass dem Übergang von der Kita in die Grundschule auch mit Blick auf besonders begabte Kinder eine hohe Aufmerksamkeit geschenkt werden sollte (vgl. Kluczniok 2012).

Das Kind in die Entscheidung einbeziehen

Aus internationalen und nationalen Studien wissen wir, dass sich Kinder viele Gedanken machen, wenn sie in die Schule kommen. Sie beschäftigt vor allem, ob sie Freund*innen haben und ein kompetentes Schulkind sein werden oder ob sie Lehrkräfte bekommen, die sie mögen. In diesen Bedürfnissen unterscheiden sich Kinder mit besonderen Begabungen nicht von anderen Kindern. Sicherheit und Wohlbefinden spielen auch für sie eine große Rolle dafür, ob sie sich in der Schule gut eingewöhnen. Sie sollten daher unbedingt in die Entscheidung und die Gestaltung des Übergangs einbezogen werden (vgl. Seddig 2019).

Austausch aller Beteiligten

Egal, ob vorzeitige oder reguläre Einschulung: Kita und Grundschule sollten Informationen über den Lern- und Entwicklungsverlauf des Kindes, zu seinen Interessen und individuellen Bedürfnissen miteinander austauschen. Die Eltern können diesen Austausch zum einen durch ihr Einverständnis ermöglichen und sollten zum anderen als Partner auf Augenhöhe einbezogen werden. Nicht zuletzt sind sie es, die beispielsweise über eine vorzeitige Einschulung oder den Verbleib in der Kita entscheiden. Und je mehr Sicherheit sie ausstrahlen, umso zuversichtlicher wird auch ihr Kind die Herausforderung des Übergangs annehmen (vgl. Andresen/Seddig/Künstler 2013). Bedeutsam für einen gelingenden Schulübergang ist, dass Lehrkräfte etwaige Vorkenntnisse, bereits erworbene Fähigkeiten und die hohe Lernmotivation besonders begabter Kinder im Anfangsunterricht angemessen berücksichtigen. Andernfalls drohen schulische Langeweile und Unterforderung mit Folgen für die Lernmotivation, das emotionale Wohlbefinden und die Leistungsfähigkeit. Langfristig kann das die Entwicklung eines „Underachievements", d. h. eine dauerhafte Beeinträchtigung im Lern- und Leistungsverhalten, begünstigen.

> Bei besonders begabten Kindern stellt sich nicht selten die Frage nach einer vorzeitigen Einschulung.

Flexible Übergangskonzepte

Kinder mit besonderen Begabungen profitieren von möglichst flexiblen Modellen zur Gestaltung des Übergangs. Das betrifft einerseits Stichtagsregelungen und die Möglichkeiten von vorzeitigen Einschulungen, in besonderem Maße aber auch pädagogische Konzepte, die die heterogenen Lernausgangslagen von Schulanfänger*innen berücksichtigen und darauf mit individueller Förderung reagieren. Ein solches Schulkonzept ist beispielsweise die flexible Eingangsphase. Dabei lernen Kinder der ersten beiden Klassenstufen gemeinsam und können diese flexibel in ein bis drei Jahren durchlaufen. Lehrkräfte können die Lernbegleitung der Kinder individualisierter gestalten als in reinen Jahrgangsklassen und damit unterschiedlichen Lerngeschwindigkeiten besser gerecht werden. Daher kann dieses Konzept eine Alternative zur vorzeitigen Einschulung darstellen. Modellversuche mit jahrgangsgemischt unterrichteten Klassen, die eine halbjährliche Einschulung ermöglichten, erwiesen sich ebenfalls als hilfreich (vgl. Steenbuck 2010). Im Einzelfall kann auch eine Einschulung in die zweite Klasse eine hilfreiche Fördermaßnahme für Kinder mit hoher kognitiver Begabung sein. Dabei ist wichtig, dass das Kind und die Eltern in Vorbereitung auf diesen Schritt zielgerichtet unterstützt werden – im Idealfall in enger Kooperation von Kita und Grundschule. Die Annahme, ein Kind brauche aufgrund seiner hohen Begabung diese Unterstützung und übergangsbegleitenden Rituale nicht, birgt Risiken für den Übergang.

> Begabte Kinder profitieren von flexiblen Modellen zur Gestaltung des Schulübergangs.

Die vorzeitige Einschulung

Eine vorzeitige Einschulung muss für besonders begabte Kinder nicht der Regelfall sein, doch insbesondere wenn ein Kind in allen Bereichen eine fortgeschrittene Entwicklung und von sich aus ein großes Interesse an einer Einschulung zeigt, sollte dieser Schritt erwogen werden. Auch der Umstand, dass besonders begabte Kinder oft bereits in der Kita durch ein hohes Interesse am Lesen, Schreiben oder Rechnen auffallen, kann die Frage nach dem „richtigen" Einschulungszeitpunkt auslösen. Pädagogische Fachkräfte und Eltern befinden sich hier oft in dem Zwiespalt, dass sie einerseits sehen, dass das Kind in der Kita kognitiv unterfordert sein könnte; andererseits machen sie sich Sorgen, ob es dem Schulbesuch auch bereits sozial-emotional und körperlich gewachsen ist. Eine zu späte Einschulung birgt jedoch die Gefahr, dass das Kind von Anfang an in der Schule unterfordert ist. Darin liegt auch ein Hauptargument für eine vorzeitige Einschulung. Ein späteres Überspringen einer Klassenstufe bedeutet demgegenüber die möglicherweise größere Belastung für das Kind, z. B. aufgrund eines Sonderstatus in der Klasse oder des wiederholten Eingewöhnens in neue Klassenverbände (vgl. Kluczniok 2012).

Studien konnten belegen, dass die positiven Effekte überwiegen, wenn Kinder tatsächlich aus Gründen hoher kognitiver Begabung vorzeitig eingeschult werden. Sie zeigten in der Regel keine Probleme hinsichtlich der Schulleistungen oder der sozial-emotionalen Entwicklung, auch nicht in späteren Schuljahren. Vielmehr lernten sie sehr motiviert und erfolgreich – auch im Vergleich zu den älteren Klassenkamerad*innen. Kinder, die hingegen nicht aufgrund besonderer kognitiver Fähigkeiten früher eingeschult wurden, erzielten häufiger als ihre Klassenkamerad*innen schlechtere Ergebnisse in Leistungstests oder mussten häufiger eine Klassenstufe wiederholen (vgl. z. B. Vock/Preckel/Holling 2007). Trotz dieser Erkenntnisse ist eine einseitige Betrachtung der kognitiven Lernvoraussetzungen eines Kindes nicht ratsam und müssen im Einzelfall auch die motorischen, körperlichen und sozial-emotionalen Fähigkeiten in die Überlegungen einbezogen werden.

WAS TUN, WENN SICH EIN KIND BEREITS VOR SCHULEINTRITT DAS LESEN ODER RECHNEN BEIBRINGT?

Beschäftigt sich ein Kind aus eigener Motivation heraus mit Schrift und Zahlen, sollte es nicht ausgebremst werden. Das bedeutet nicht, dass das Kind systematisch im Lesen oder Rechnen unterrichtet werden muss. Dennoch sollten Fachkräfte und Eltern die Lernbedürfnisse des Kindes aufgreifen und ihm Materialien (z. B. einfache Erstlese-Bücher, Montessori-Material) und Lerngelegenheiten bieten. Das erreichte Niveau beim Erlernen der Kulturtechniken muss bei der Gestaltung des Übergangs von der Kita in die Grundschule natürlich beachtet werden. Es sollte dabei aber gelten, dass sich primär nicht das kindliche Lernen den Systemgrenzen anpassen muss, sondern die Lerngelegenheiten den Fähigkeiten des Kindes entsprechend gestaltet werden.

DER SCHULÜBERGANG BEI BESONDERS BEGABTEN KINDERN

Da es sich bei der Frage des Einschulungszeitpunktes immer um eine individuelle Entscheidung handelt, gibt es keine allgemeingültigen Checklisten. Jedoch lassen sich einige Aspekte nennen, an denen sich Fachkräfte und Eltern bei Unsicherheiten orientieren können:

Ist das Kind den Anforderungen der Schule kognitiv gewachsen?
Insbesondere wenn ein Kind jünger als alle anderen Schulanfänger*innen ist, sollte es über überdurchschnittliche kognitive Lernvoraussetzungen verfügen, damit eine Überforderung mit dem Schulstoff ausgeschlossen werden kann.

Ist ein Intelligenztest notwendig?
Eine psychologische Diagnostik unter Hinzuziehung eines Intelligenztests kann bei Unsicherheiten helfen, die Entscheidung abzusichern. Ansprechpartner können beispielsweise schulpsychologische Dienste sein.

Ist das Kind der Einschulung sozio-emotional gewachsen?
Neben den kognitiven Voraussetzungen sind die sozial-emotionalen Fähigkeiten bedeutsam. Dazu gehören beispielsweise das selbstständige Arbeiten an Aufgaben, die Fähigkeit zur emotionalen Selbstregulation (z. B. Frustrationstoleranz) oder zur Selbstbehauptung in einer Kindergruppe.

Stehen Eltern und Kind hinter einer vorzeitigen Einschulung?
Ein intensiver Austausch mit den Eltern und dem Kind ist Grundlage für die Entscheidung. Gespräche über Stärken und Bedürfnisse des Kindes helfen, den Prozess gut zu planen und bei Bedarf Unterstützungsangebote zu unterbreiten. Zudem ist es wichtig, Kind und Eltern im Vorfeld gut über die neuen Anforderungen zu informieren und – insbesondere bei einer Einschulung in die zweite Klasse – gezielt darauf vorzubereiten.

Wie steht die Schule zu der vorzeitigen Einschulung?
Voraussetzung für das Gelingen der vorzeitigen Einschulung ist, dass die aufnehmende Schule sowie vor allem die Lehrkräfte der Maßnahme optimistisch und vorurteilsfrei gegenüberstehen. Denn sie sind es, die das Kind in seinem weiteren Lernprozess begleiten.

Sollte eine Beratungsstelle einbezogen werden?
Das Einbeziehen einer Beratungsstelle kann in mehrfacher Hinsicht ratsam sein. Die Beratenden können sowohl bei der Entscheidungsfindung als auch in der Begleitung der vorzeitigen Einschulung eine neutrale Position einnehmen und bei unterschiedlichen Meinungen vermitteln. Darüber hinaus verfügen sie über einen breiten Erfahrungshintergrund in vergleichbaren Fällen. Das kann allen Beteiligten Sicherheit geben. Nicht zuletzt sind die formalen Regelungen der einzelnen Bundesländer zu vorzeitigen Einschulungen unterschiedlich. Auch hierzu können Beratungsstellen informieren.

V

Rat suchen, Rat geben

Wenn Eltern bei ihrem Kind eine Hochbegabung vermuten, haben sie viele Fragen. Oft wünschen sie sich Gewissheit und erwägen eine Testung des Kindes. Aber auch die Frage, wie es in Kita und Familie angemessen gefördert werden kann, beschäftigt Eltern. Bei manchen Anliegen sollten Fachkräfte auch an Beratungsstellen verweisen oder sich selbst Rat holen, z. B. in einer Konsultationseinrichtung.

1. Warum Eltern Rat suchen

Wenn Eltern bei ihrem Kind eine Hochbegabung vermuten, haben sie viele Fragen. Sie wünschen sich beispielsweise Gewissheit, ob ihr Kind tatsächlich außergewöhnlich begabt ist, und fragen sich, ob sie es deshalb „testen" lassen sollen. Auch die Frage, wie es angemessen gefördert werden kann und ob die Fördermöglichkeiten in der Kita und zu Hause ausreichen, beschäftigt Eltern. Manchmal suchen sie auch Rat zu spezifischen Problemen (z. B. zu Erziehungsfragen) oder weil sie sich Sorgen um das emotionale Wohlbefinden ihres Kindes machen (vgl. Koop/Preckel 2015; Jacob 2016).

Fachkräfte in Kindertageseinrichtungen müssen damit rechnen, dass sie, etwa im Rahmen der Entwicklungsgespräche, die sie mit Eltern führen, auch auf solche Fragen angesprochen werden. Es ist wichtig, dass sie die Anliegen der Eltern ernst nehmen und professionell darauf reagieren können. Voraussetzung ist, dass sie sich mit dem Thema umfassend auseinandergesetzt haben. Dazu gehört zum einen, sich Wissen anzueignen, um Eltern insbesondere hinsichtlich Fragen zur Begleitung und Förderung des Kindes in der Kita gut beraten zu können. Zum anderen sollten sich Fachkräfte aber auch die Grenzen ihrer Beratungstätigkeit für Eltern bewusst machen. Bei Unsicherheiten sollten sie an geeignete Beratungsstellen verweisen können oder wissen, wo sie sich selbst Rat holen können.

> Es ist wichtig, dass Fachkräfte auf die Fragen der Eltern professionell reagieren können.

HÄUFIGE FRAGEN VON ELTERN, ZU DENEN SIE RAT SUCHEN

- Ist mein Kind hochbegabt? Wie sehen Sie das?
- Wie kann ich mein Kind gut fördern? Ist es in der Kita vielleicht unterfordert?
- Was muss ich im Hinblick auf die Einschulung beachten? Wann ist dafür der richtige Zeitpunkt?
- Mein Kind löchert mich mit 1.000 Fragen – ich kann nicht mehr! Wie soll ich damit umgehen?
- Mein Kind geht nicht mehr gern in die Kita – was kann ich tun?

Fragen und Forderungen
Nicht immer sind die Fragen, die Eltern haben, Ausdruck eines Problems, das sie im Umgang mit ihrem Kind wahrnehmen. Und viele (hoch-)begabte Kinder entwickeln sich auch ohne besondere Auffälligkeiten. Häufig fühlen sich Eltern nur unsicher oder suchen Informationen zum Thema Hochbegabung und fragen sich, ob sie alles richtig machen. Pädagogische Fachkräfte können diesen Eltern durch die Bereitstellung von Erstinformationen und Literaturhinweisen hilfreich zur Seite stehen und sie in ihrer Erziehungskompetenz bestärken. Hin und wieder tragen Eltern ihre Anliegen und Fragen aber auch recht emotional vor. Dann kann es passieren, dass der Eindruck entsteht, sie würden die Arbeit der Fachkräfte in Zweifel ziehen. Oder Eltern haben ihrerseits den Eindruck, in ihrem Anliegen nicht ernst genommen zu werden. In der Folge können Konflikte entstehen, die die Erziehungspartnerschaft zwischen Eltern und Kita belasten. Fachkräfte fühlen sich provoziert, wenn Eltern beispielsweise Forderungen oder Ansprüche an die Arbeit der Kita formulieren oder nur ihr Kind sehen und nicht berücksichtigen, dass sich die Fachkräfte auch noch um viele andere Kinder kümmern müssen. Eltern wiederum reagieren verletzt, wenn sie das Gefühl haben, dass die Fachkräfte ihrem Kind gegenüber Vorbehalte haben oder ihre Lösungsvorschläge blockieren (vgl. Koop/Welzien 2010).

Eine Erziehungspartnerschaft zu führen bedeutet, in einem ständigen Austausch über das Kind, sein Wohlbefinden und seine Entwicklung zu sein. So sind Meinungsverschiedenheiten zwar nicht ausgeschlossen, können aber auf einer vertrauensvollen Basis bearbeitet werden. Der kontinuierliche Austausch zwischen Eltern und Einrichtung kann unterschiedliche Formen annehmen. Wichtig ist, dass die Fachkräfte die pädagogische Arbeit in der Kita transparent machen. So können Eltern Sicherheit darin gewinnen, dass sich ihr Kind in der Kita wohlfühlt, sich positiv entwickelt und neue Kompetenzen erwirbt. Das kann beispielsweise mittels offen ausliegender Projekttagebücher oder einer dokumentierenden Wandgestaltung („sprechende Wände") geschehen. Beides regt dazu an, dass Eltern und ihre Kinder oder auch Fachkräfte und Eltern miteinander ins Gespräch kommen. Auch Eltern-Hospitationen oder die Einbindung von Eltern in die Projektarbeit sind eine Möglichkeit, interessierten Eltern Einblicke in die Arbeit der Einrichtung zu geben. Die Entwicklungsgespräche sollten sich deutlich von solchen „Tür-und-Angel-Gesprächen" unterscheiden. Verbindlich eingehaltene Termine, ein geeigneter ruhiger Raum sowie eine erkennbar gute Vorbereitung seitens der Fachkraft signalisieren den Eltern, dass sie mit ihren Anliegen ernst genommen werden.

2. Gespräche mit Eltern führen

Es ist wichtig, dass Eltern besonders begabter Kinder mit ihren Anliegen auf ein Gegenüber treffen, das ihre Fragen ernst nimmt und ihnen einfühlsam begegnet. Das fällt nicht jeder Fachkraft bei Fragen rund um eine mögliche besondere Begabung leicht, denn die Sorgen der Eltern können leicht als „Luxusproblem" missverstanden werden. Fachkräften sollte jedoch bewusst sein, dass Eltern selbst verunsichert sein können oder Fragen zur Entwicklung ihres Kindes haben, wenn sie beobachten, dass ihr Kind möglicherweise über eine besondere Begabung verfügt. Manche Eltern sind beispielsweise durch in den Medien kursierende „Forschungsergebnisse" verunsichert, denen zufolge es für ein Kind schädlich sein kann, sollte seine Begabung nicht rechtzeitig erkannt und speziell gefördert werden. Andere Eltern erleben tagtäglich ein starkes Verlangen ihres Kindes nach kognitiver Stimulierung und fragen sich, wie die richtige Förderung aussehen könnte, denn sie wollen ihr Kind weder über- noch unterfordern. Unsichere Eltern suchen nach Klarheit und Sicherheit für sich und ihr Kind. Sie wollen deshalb mehr Gewissheit darüber, ob ihr Kind besonders begabt ist, und suchen Rat, was sie in diesem Fall tun können.

Familien zu Fragen der Begabungsförderung beraten

Wichtige Hinweise

Die Erfahrung zeigt: Wenn die Frage nach einer besonderen Begabung eines Kindes im Raum steht, reicht anfangs oft eine informierende Beratung der Eltern aus, sofern es keine spezifischen Probleme gibt. Häufig lassen sich diese ersten Fragen auch ohne einen Intelligenztest klären.

- Erfragen Sie, warum es für die Eltern wichtig ist, Gewissheit über das Begabungsniveau ihres Kindes zu erhalten. Was würde sich nach Einschätzung der Eltern dadurch beispielsweise in ihrem eigenen Handeln oder im Handeln anderer Personen (z.B. anderer Familienangehöriger, der Kita oder der zukünftigen Grundschule) ändern? Nehmen Sie die Anliegen und Perspektiven der Eltern ernst, auch wenn Sie sie ggf. persönlich oder aus fachlicher Sicht nicht teilen.
- Überlegen Sie gemeinsam mit den Eltern, was helfen könnte, Antworten auf ihre Fragen zu finden. Welche Fragen lassen sich vielleicht aus Beobachtungen in der Kita beantworten? Welche Informationen könnten noch hilfreich sein? Ist eine testpsychologische Untersuchung tatsächlich notwendig? Gestalten Sie diesen Klärungsprozess so transparent und unter Einbeziehung der Perspektive der Eltern, sodass sie das Zustandekommen des Ergebnisses nachvollziehen und dieses akzeptieren können.
- Wenn Sie den Eindruck haben, Sie können den Eltern bezüglich ihres Anliegens nicht gut weiterhelfen, holen Sie deren Einverständnis dazu ein, dass Sie sich noch einmal mit Kolleg*innen beraten können. Die Eltern werden ihnen das in der Regel nicht als Schwäche auslegen, sondern sehen, dass Sie ihr Anliegen ernst nehmen.
- Reflektieren Sie gemeinsam mit den Eltern, ob Ihre Beratung hilfreich war. Wenn Fragen oder Anliegen offen geblieben sind, dann unterstützen Sie die Eltern darin, eine Beratungsstelle oder eine andere Anlaufstelle zu finden.

Eltern für die Interessen und Begabungen ihrer Kinder sensibilisieren

Umgang mit unterschiedlichen Sichtweisen

Steht die Frage nach einer „angemessenen" Förderung eines Kindes im Mittelpunkt eines Elterngesprächs, können anfangs ganz unterschiedliche Sichtweisen aufeinandertreffen. Eltern tragen ihr Anliegen zudem sehr unterschiedlich vor, was auf die Gesprächsatmosphäre Einfluss nehmen kann: Dabei kann Verunsicherung vorherrschen, aber auch eine fordernde Haltung der Eltern ist denkbar. Aber auch Fachkräfte können unsicher sein, weil sie bislang noch wenig oder gar nicht mit besonders begabten Kindern zu tun hatten. Auch hier ist es wichtig, das Gespräch konstruktiv und lösungsorientiert zu führen.

- Stellen Sie die Interessen, Bedürfnisse und das Wohlbefinden des Kindes in den Mittelpunkt. Kinder lernen besonders gut, wenn sie engagiert sind und sich wohlfühlen. Ergründen Sie daher gemeinsam mit den Eltern, auf welche Lerngelegenheiten sich das Kind besonders gut einlassen kann. Diese bieten eine gute „Passung" zu seinen Interessen und sollten in der weiteren Förderung des Kindes unbedingt berücksichtigt werden.
- Geben Sie den Eltern über verschiedene Dokumentationsformen Einblick in Ihre pädagogische Arbeit. Zeigen Sie den Eltern dabei, welche Aspekte der kindlichen Entwicklung durch Ihr Handeln gefördert werden und bei welchen Tätigkeiten sich das Kind in der Kita besonders wohlfühlt.
- Stellen Sie ehrlich die Grenzen der Förderarbeit in der Kita dar. Unterstützen Sie die Eltern aber auch bei der Suche nach möglichen Alternativen. Familiäre und außerfamiliäre Förderung einerseits sowie die Förderung in der Kita andererseits ergänzen sich gut, wenn sie unterschiedliche Facetten der kindlichen Entwicklung berücksichtigen.
- Legen Sie in Ihrer Kita eine Sammlung von möglichen Förder- oder Beratungsangeboten im Feld Hochbegabung an. Damit können Sie Eltern gezielt weiterhelfen.

3. Angebote der Elternbildung und -beratung

Nicht alle Eltern haben ausreichend Ressourcen, um ihre Kinder optimal in deren Entwicklung zu fördern. Manchmal fehlt es an eigenen Erfahrungen, manchmal liegen ungünstige materielle Ausgangsbedingungen vor. Auch verschiedene familiäre Problemlagen oder kulturbedingte Unterschiede können dazu führen, dass Eltern nicht von sich aus besondere Entwicklungspotenziale ihres Kindes erkennen oder gegenüber der Einrichtung thematisieren. Gespräche wie oben skizziert kommen dann vielleicht gar nicht erst zustande. Diese Eltern nutzen auch nachweislich seltener Beratungsmöglichkeiten und Angebote für die Begabungs- und Begabtenförderung.

Kindertageseinrichtungen müssen auf die unterschiedlichen Voraussetzungen „ihrer" Elternschaft reagieren, ihre Arbeit also an den sie umgebenden Sozialraum anpassen, um alle Kinder und Familien hinsichtlich ihrer Bedürfnisse gut zu erreichen. Immer mehr Kindertageseinrichtungen entwickeln sich daher zu Familienzentren weiter. Sie setzen sich zum Ziel, nicht nur ein Betreuungs- und Bildungsangebot für Kinder zu schaffen, sondern auch Eltern und Familien zu unterstützen, sie für die Entwicklungsprozesse ihrer Kinder zu sensibilisieren und in ihren erzieherischen Kompetenzen zu stärken. Die besonderen Stärken von Familienzentren zeigen sich vor allem in Sozialräumen, in denen viele Kinder in bildungsfernen, sozial benachteiligten Familien aufwachsen. Mit ihrem stärkenorientierten Blick helfen Familienzentren den Familien, ihre eigenen Ressourcen zu erkennen und zum Wohle der Kinder zu nutzen. Sie entwickeln aber auch bedarfsorientierte Angebote zur Unterstützung von Familien. Während es in Gesprächen mit bildungsaffinen und mate-

> Nicht alle Eltern haben ausreichend Ressourcen, um ihre Kinder optimal zu fördern.

riell gut versorgten Familien – wie oben beschrieben – oft um sehr konkrete Fragen der Begabungs- und Begabtenförderung sowie um Möglichkeiten der zusätzlichen Anregung geht, müssen mit Blick auf die sogenannten bildungsbenachteiligten Familien niedrigschwellige Gelegenheiten geschaffen werden, um über die Entwicklungsbedürfnisse eines Kindes zu sprechen. Durch einrichtungsintegrierte Beratungs- und Familienbildungsangebote wird Vertrauen zu Institutionen aufgebaut. Und wenn dies gelungen ist, können die Familien auch in eigenen Ressourcen und Kompetenzen bestärkt und im Aufbau weiterer Erziehungskompetenzen gefördert werden (siehe dazu auch Kapitel III).

Die Möglichkeiten, solche informellen Beratungs- und Gesprächsmöglichkeiten zwischen Fachkräften und Eltern zu schaffen, sind vielfältig. Sie reichen von Elterncafés über gemeinsam gestaltete Aktivitäten mit Eltern und ihren Kindern bis hin zu spezifischen Kursen für die Elternbildung. Wichtig ist dabei, einerseits mit einem positiven, ressourcenorientier-

INTERVIEW MIT MICHAELA SCHMID

Koordinatorin der Familienzentren Ludwig-Uhland-Straße und Schillerstraße der Stadt Maintal

Was bedeutet sozialraumorientierte Arbeit für Sie? Warum ist sie Ihnen wichtig?

Das bedeutet für uns, dass wir die Bedürfnisse der Familien in unserem Stadtteil genau erkunden, z. B. durch Umfragen oder in vielen Gesprächen. Und wir schaffen immer wieder neue Angebote, die auf diese Bedürfnisse reagieren. Eine sozialraumorientierte Arbeit birgt viele Chancen für die Bildungs- und Begabtenförderung. Und sie wirkt nachhaltig, denn diese Familien werden offener und sicherer eine weitere Bildungseinrichtung betreten und die Vorteile für ihre Kinder sehen.

Wie sehen solche Angebote denn aus?

Wir haben z. B. ein offenes Elterncafé eingerichtet. Ausgangspunkt war die Überlegung, dass Familien, deren Kinder (noch) keine Einrichtung besuchen, keinen Zugang zu der professionellen Begleitung der Bildungsprozesse ihrer Kinder haben. Indem sich das Familienzentrum in Form eines offenen Elterncafés in den Sozialraum hinein öffnete, schufen wir eine Brücke zu diesen Familien. Die Eltern (zumeist Mütter) nutzen das aus ganz unterschiedlichen Gründen: Sie suchen Kontakt zu anderen Eltern oder zu einer Bildungsinstitution für ihre Kinder. Sie wagen einen Schritt aus der sozialen Isolation, nutzen einen angenehmen Ort zum Verweilen und Kaffeetrinken, finden Spielanregungen für ihre Kinder und können niederschwellige Beratung und Zugang zu Informationen aller Art erhalten. Das ist eine bisher oft ungenutzte Chance, mehr Familien mit Kindern in einem sehr jungen Alter kennenzulernen und zu begleiten. Junge Familien erhalten so früh Zugang zu unterstützenden Angeboten und damit auch ihre Kinder.

Was hat das mit Begabungsförderung zu tun?

Die wachsende Sicherheit der Eltern kommt auch den Kindern zugute. Der Schlüssel zu der Fähigkeit, besondere Begabungen von Kindern zu entdecken, liegt darin, kindliches Handeln als Lernprozess zu erkennen. Ein Kind muss seine Selbstwirksamkeit in Eigenaktivität erfahren und so Vertrauen in die eigenen Fähigkeiten gewinnen. Je früher und häufiger Kinder die Erfahrung machen, dass sie und ihr Lernverhalten wertgeschätzt werden, desto stärker wird die Lernerfahrung mit positiven Gefühlen verknüpft. Die Eltern lernen bei uns genau das: durch positive sprachliche und physische Zuwendung und durch das Bereitstellen von geeigneten Materialien Kinder in ihrem Lernen zu unterstützen.

Können Sie dazu ein Beispiel nennen?

Da fällt mir die Geschichte von Selim ein. Als er 12 Monate alt war, befüllte er einmal begeistert und konzentriert verschiedene Gefäße und schüttete sie zunächst wieder aus. Selim untersuchte weiter Materialien wie Tücher, Bälle, Federn und Buntstifte, betastete, drehte und warf sie. Dann entdeckte er etwas. Er begann, alle roten Gegenstände in einen Behälter zu füllen. So verfuhr er auch mit anderen Farben. Schließlich klatschte er in die Hände und lachte. Was war hier passiert? Selim hatte sein altersgemäßes Befüllen und Entleeren von Gefäßen um die Dimension „Sortieren nach Farben" erweitert. Mit diesen Vorstellungs- und Denkstrukturen lag er in einem überdurchschnittlichen Entwicklungsbereich, zeigte also entwicklungsschnelles Verhalten. In dem Setting des Elternforums konnte die Fachkraft auf diesen Aspekt hinweisen und die Mutter schon während des kindlichen Spiels darauf aufmerksam machen. Im weiteren Verlauf konnten Eltern und Fachkraft weitere Impulse und Spielanregungen erstellen und so das Lernverhalten und die Entwicklung von Selim fördern.

WAS EINE GUTE ZUSAMMENARBEIT VON KITA UND BERATUNGSSTELLE BEGÜNSTIGT

- Führen Sie mit Beratungsstellen, an die Sie verweisen möchten, regelmäßig Kooperationsgespräche.
- Erfragen Sie, mit welchen Anliegen sich Ratsuchende an die Beratungsstelle wenden können und wie die Anmeldung funktioniert. Mit diesen Informationen kann die Kita Eltern den Weg zur Beratungsstelle erleichtern.
- Manchmal haben Beratungsstellen längere Wartezeiten für Erstberatungen. Vereinbaren Sie mit der Beratungsstelle auch ein Vorgehen für dringende Fälle.
- Vielleicht möchte die Beratungsstelle eine*n feste*n Ansprechpartner*in für die Zusammenarbeit mit der Kita benennen. Manche Beratungsstellen bieten auch an, bei der Gestaltung von Elternabenden zusammenzuarbeiten.

ten Blick auf Kinder und Familien zu schauen und gleichzeitig auf spezifische Risiken oder wahrgenommene entwicklungsbehindernde Aspekte zu reagieren. Dies stellt Kitas bzw. Familienzentren zwar vor große Herausforderungen, doch es lohnt sich, diese anzunehmen: Sie schaffen damit die Voraussetzung dafür, dass es chancengerechter zugeht, Kinder sich vielfältig ausprobieren können und in ihren besonderen Potenzialen von Eltern wie Fachkräften erkannt werden.

Eine weitere Form der niederschwelligen Beratung durch Familienzentren liegt in der Zusammenarbeit mit Beratungsstellen und der Schaffung von integrierten Beratungsangeboten von Erziehungs- oder entwicklungspsychologischen Beratungsstellen. Die Integration solcher Beratungsleistungen, z. B. in Form einer offenen Sprechstunde, in ein Familienzentrum bietet nicht nur einen erleichterten Zugang für die Familien. Vielmehr erhöht die Vertrautheit mit dem Ort, an dem die Beratung stattfindet, die Bereitschaft, das Beratungsangebot anzunehmen. Zudem besteht die Möglichkeit, die Fachkräfte der Kita in die Beratung einzubeziehen. Das schafft zusätzliches Vertrauen aufseiten der Eltern und sichert die Verankerung von in der Beratung beschlossenen Maßnahmen im Kita-Alltag. Außerdem können die Fachkräfte die Umsetzung von Beratungsergebnissen durch ihre Gespräche mit den Familien begleiten. So konnte beispielsweise die Beratungsstelle „Mainkind" der Goethe-Universität Frankfurt in einem Modellprojekt mit dem Familienzentrum Ludwig-Uhland-Straße in Maintal zeigen, dass ein einrichtungsintegriertes Beratungsangebot dazu beiträgt, dass Familien mit geringen Bildungsressourcen und/oder Migrationshintergrund, die begabungspsychologische Beratungsstellen sonst kaum in Anspruch nehmen, besser erreicht werden (vgl. Schmitt/Büttner 2017).

4. Zusammenarbeit mit Beratungsstellen

Bei einigen Beratungsanliegen von Eltern ist es sinnvoll, wenn Kitas Beratungsstellen hinzuziehen oder Eltern an diese verweisen. Denn der Schwerpunkt der Entwicklungsgespräche, die regelmäßig für jedes Kind geführt werden, liegt auf dem Austausch über die Entwicklung des Kindes sowie auf der Information der Eltern über die pädagogische Arbeit in der Einrichtung. Beratungsanliegen von Eltern (potenziell) besonders begabter Kinder können die Fachkräfte aber manchmal vor Herausforderungen stellen, denen sie sich eventuell nicht gewachsen fühlen, z. B. bei andauernden Eltern-Kind-Konflikten oder dem Auftreten psychosomatischer Beschwerden eines Kindes. Für einen professionellen Umgang mit derartigen Situationen sind zwei Dinge wichtig: Zum einen sollten Fachkräfte ihre Kompetenzen und Grenzen reflektieren und einschätzen können, bei welchen Anliegen sie Eltern selbst beraten und wann sie an eine Beratungsstelle verweisen. Zum anderen sollten sie sich vorab gut darüber informieren, welche Beratungsmöglichkeiten es für Eltern gibt und wohin sie sich mit welchem Anliegen wenden können. So finden Eltern auf möglichst kurzem Weg ein passendes Beratungsangebot. Zudem entsteht so bei ihnen nicht das Gefühl, mit ihrem Anliegen „abgeschoben" zu werden. Um Eltern eine hilfreiche Unterstützung zu vermitteln, gibt es unterschiedliche Möglichkeiten. So gibt es Beratungsangebote, die auf Themen der Begabungs- und Begabtenförderung spezialisiert sind. Hierzu gehören spezielle begabungspsychologische Beratungsstellen in öffentlicher, universitärer oder privater Trägerschaft. Darüber hinaus finden Eltern Rat bei Erziehungsberatungsstellen. Sie beraten Eltern zu einer breiten Pa-

> Bei manchen Anliegen von Eltern ist es sinnvoll, an eine Beratungsstelle zu verweisen.

lette von Erziehungsfragen, bei Entwicklungsbesonderheiten eines Kindes oder bei Problemen des familiären Zusammenlebens. Wenn eine vorzeitige Einschulung erwogen wird, können auch die schulpsychologischen Beratungsdienste weiterhelfen. (Im Fachportal Hochbegabung der Karg-Stiftung finden Sie Informationen zu Beratungsstellen in Deutschland, die sich auf das Thema Hochbegabung spezialisiert haben. Mithilfe einer Suchfunktion können Sie Beratungsangebote in Ihrer Nähe finden: www.fachportal-hochbegabung.de/beratungsstellen/).

Mit Beratungsstellen und Konsultationskitas kooperieren

5. Fachliche Unterstützung für Kitas

Manchmal ist es auch so, dass Erzieher*innen fachlichen Rat zur Arbeit mit besonders begabten Kindern suchen. Hierfür können sie die Unterstützung von Fachberatungsangeboten annehmen. Das ist vor allem dann sinnvoll, wenn sich das Beratungsanliegen auf den pädagogischen Alltag in der Kita bezieht. Auch wenn die Angebote noch überschaubar sind, ist ihre Zahl in den vergangenen Jahren doch spürbar gewachsen. In einigen Bundesländern (z.B. Schleswig-Holstein, Niedersachsen, Hessen, Bayern) gibt es auch Konsultationsangebote. Konsultationskitas bieten pädagogischen Fachkräften die Möglichkeit zum kollegialen Austausch zu alltagspraktischen Fragen der Begabungs- und Begabtenförderung. Ihre Angebote sind auf die Anforderungen der jeweiligen Bildungs- und Erziehungspläne abgestimmt. Sie verfügen in der Regel über langjährige Erfahrungen in der Förderung von Kindern mit besonderen Begabungen. Oft sind Konsultationskitas auch Modelleinrichtungen oder haben an Modellprojekten teilgenommen. Sie ergänzen Fachberatungsangebote von Trägern, weil sie Unterstützung bei einem Thema anbieten, das sehr oft noch nicht hinreichend in der Ausbildung von Erzieherinnen und Erziehern berücksichtigt wird.

Konsultierende Fachkräfte können zum einen Angebote nutzen, um sich ganz allgemein darüber zu informieren, wie besonders begabte Kinder in der Kita erkannt und gefördert werden können. Sie können sich dort Praxisbeispiele anschauen und in den Einrichtungen hospitieren. So bleibt – anders als in Fortbildungen – das neu erworbene Wissen nicht abstrakt, sondern die konsultierenden Fachkräfte erhalten einen sehr praxisnahen Einblick und können sich auch zu spezifischen Fragen der Umsetzung von Anregungen beraten lassen. Darüber hinaus bieten Konsultationskitas häufig auch Unterstützung durch Einzelfall-Beratungen an. Dann können Fachkräfte in einer anonymisierten Fallbesprechung um Rat zu einem einzelnen Kind bitten. Manche Konsultationskitas gehen noch einen Schritt weiter und bieten den pädagogischen Fachkräften und Eltern anderer Einrichtungen eine gemeinsame Beratung an.

Manchmal findet sich auch in der Fachberatungsstruktur von Kita-Trägern Unterstützung. Sinnvoll ist es sicher, einen etwaigen Beratungsbedarf dem Träger gegenüber anzuzeigen, damit dieser darauf reagieren kann. Eine weitere Möglichkeit der Unterstützung für Kitas ist die Mitgliedschaft in regionalen Netzwerken. Diese sind dann zwar oft nicht kitaspezifisch, vielmehr tauschen sich darin sehr unterschiedliche Institutionen wie Schulen, Beratungsstellen, Elterninitiativen, Vereine usw. aus. Daraus können sich aber auch für Kitas wertvolle Kooperationen entwickeln und sie lernen weitere Anlaufstellen für eine fachliche Beratung ihrer Fachkräfte oder für Familien kennen.

> Konsultationskitas bieten die Möglichkeit zu kollegialem Austausch.

INTERVIEW MIT BEATRIX HIRSCHBOLZ-TER

Leiterin der Hans-Georg Karg Kindertagesstätte, Haus für frühe Bildung und Begabung, CJD Nürnberg

Zu welchen Fragen suchen pädagogische Fachkräfte bei Ihnen Rat?

Die Fachkräfte haben sehr unterschiedliche Fragen. Viele zeigen sich dem Thema gegenüber offen, kennen sich aber nicht aus. Sie sind unsicher und suchen Beratung, um die Kinder bestmöglich fördern zu können. Manche sind von den diversen Checklisten mit vermeintlichen Merkmalen begabter Kinder verunsichert. Andere suchen Rat, wenn sie bei begabten Kindern beobachten, dass diese in manchen Entwicklungsbereichen noch Schwächen haben. Oftmals gibt es auch Fragen dazu, wie die Kommunikation mit den Eltern besser gelingen kann.

Gibt es in den Gesprächen mit Eltern besondere Herausforderungen für die Fachkräfte?

Es ist nicht so selten, dass Eltern und Fachkräfte zu unterschiedlichen Einschätzungen über das Kind kommen. So kann es vorkommen, dass Eltern der Meinung sind, ihr Kind sei besonders begabt, die Fachkräfte im Alltag aber ein Kind erleben, das häufig Grenzen austestet und Regeln infrage stellt. Es ist aus unserer Erfahrung wichtig, dass Fachkräfte solch unterschiedliche Wahrnehmungen ernst nehmen und ihnen nachgehen, bevor sich die Fronten verhärten. Denn das geht meistens zulasten des Kindes.

Wie sieht Ihre Hilfe in solchen Fällen aus?

Wir erleben, dass es für Eltern wie Fachkräfte hilfreich ist, von Personen mit fundiertem Wissen und einem großen Erfahrungsschatz zum Thema Begabung gehört und beraten zu werden. Wir sind dabei oftmals eine Art Vermittler. Eine allgemeine Anleitung für die optimale Förderung der Kinder können wir nicht geben. Aber wir können helfen, Beobachtungen einzuordnen und die Gespräche über das Kind wieder in konstruktive Bahnen zu lenken. Denn auch für begabte Kinder gilt: Eltern und Fachkräfte müssen die Kinder gezielt beobachten und sich regelmäßig dazu austauschen, um auf ihre Bedürfnisse eingehen zu können. In manchen Fällen erweist sich auch eine psychologische Testung in unserer Beratungsstelle als hilfreich.

Wann empfehlen Sie Eltern eine solche Testung?

Wenn wir mit den Mitteln unserer pädagogischen Beratung an Grenzen geraten, ist es auch für uns sehr hilfreich, unseren Psychologen an unserer Seite zu haben. Er kann helfen, unterschiedliche Beobachtungen zum Verhalten des Kindes besser einzuordnen oder zu erklären. Eine Testung ist vor allem hilfreich, wenn ein Kind seine Fähigkeiten in der Einrichtung nicht zeigt oder es für Fachkräfte unklar ist, ob das Verhalten eines Kindes beispielsweise auf eine Aufmerksamkeitsstörung oder eine Unterforderung hinweist. Ein Intelligenztest kann den Verdacht auf eine mögliche besondere Begabung bestätigen – oder eben auch nicht. In jedem Fall trägt er zu einer klareren Kommunikation zwischen Fachkräften und Eltern bei.

VI

Kitas auf dem Weg zu einer inklusiven Begabungsförderung

Eine inklusive Grundhaltung und der Anspruch einer individuellen Förderung tragen dazu bei, auch den Bedürfnissen von besonders begabten Kindern gerecht zu werden. Kita-Teams sollten aber auch Prozesse und Strukturen der Einrichtung in den Blick nehmen, da sie maßgeblich das pädagogische Handeln der Fachkräfte beeinflussen.

1. Der inklusive Gedanke

Wir haben bereits ausgeführt, dass eine inklusive Grundhaltung und der Anspruch einer individuellen Förderung helfen, auch den Blick für die Bedürfnisse von besonders begabten Kindern zu schärfen. Sich auf Heterogenität einzustellen, umfasst in letzter Konsequenz nicht nur die Bereitschaft, sich mit Herkunftsfragen, diversen Entwicklungsgefährdungen, Formen von Sinnesbeeinträchtigungen oder körperlichen Behinderungen auseinanderzusetzen. Es ist wichtig, dass Fachkräfte die besondere Begabung eines Kindes ebenfalls als eine mögliche Ausprägung von „Normalität" auffassen und ihr professionell und ohne Vorbehalte begegnen.

> Fachkräfte sollten der Begabung eines Kindes professionell und ohne Vorbehalte begegnen.

Neben der Frage der grundsätzlichen Einstellung gegenüber vielfältigen Lernbedürfnissen ist es wichtig, dass sich ein Kita-Team mit den spezifischen Anforderungen auseinandersetzt, die eine adäquate individuelle Förderung besonders begabter Kinder mit sich bringt. Dabei darf der Fokus nicht ausschließlich auf das Handeln jeder einzelnen Fachkraft ausgerichtet sein, sondern sollte auch Fragen in den Blick nehmen, die die Prozesse und Strukturen in der Kita betreffen. Denn das individuelle Handeln jeder einzelnen Fachkraft ist abhängig von den gesetzten Rahmenbedingungen, die sie in der Einrichtung vorfindet (vgl. Lindemann 2006). Das bedeutet, dass Begabungs- und Begabtenförderung nicht nur Themen für die Fortbildung einzelner Fachkräfte sind, sondern auch im Prozess der begleitenden Einrichtungsentwicklung berücksichtigt werden müssen.

2. Begabungsförderliche Haltung

Unter einer „professionellen Haltung" wird eine vergleichsweise überdauernde, wenngleich veränderbare Einstellung verstanden, die „das Denken, die Weltsicht und die Handlungspraxis von Fachkräften" prägt und „jegliches pädagogisch-professionelle Denken und Handeln" beeinflusst (Schwer/Solzbacher 2014, S. 7). Es wird also davon ausgegangen, dass eine Haltung dem gesamten pädagogischen Denken und Handeln von Fachkräften zugrunde liegt. Der entscheidende Unterschied zu individuellen Persönlichkeitsmerkmalen ist, dass einer professionellen Haltung spezifische Kompetenzen zugeordnet werden können, die sich durch Aus- und Weiterbildung sowie stete Reflexion der beruflichen Rolle und Erfahrungen gezielt weiterentwickeln lassen (vgl. ebd.). Für die inklusive Begabungs- und Begabtenförderung in Kitas spielt u. a. eine ressourcenorientierte und dialogische Grundhaltung eine Schlüsselrolle. Es geht darum, sich für die Perspektiven der Kinder zu öffnen, ihre Stärken, Potenziale und Interessen in den Blick zu nehmen und auf dieser Basis die Entwicklung und Entfaltung von Begabungen zu ermöglichen (vgl. Koop/Riefling 2017). Diese Aspekte lassen sich zum einen durch fachliches und methodisches Wissen und Können beeinflussen. Zum anderen erfordern sie die Bereitschaft zur permanenten berufsbezogenen Selbstreflexion, zu einer kommunikativen Offenheit und zu situationsbezogenem, variablem Handeln. Ein Beispiel soll dies veranschaulichen.

■ **Praxisbeispiel:** Felix (4 Jahre) erzählt in der Morgenrunde am Montag aufgeregt, dass er am Wochenende mit den Eltern im Wald wandern war und dabei eine grüne Eidechse gesehen hat. Er beschreibt die Eidechse sehr differenziert und berichtet auch, dass Echsen zu den ältesten Tierarten der Welt gehören und dass es ein Land gibt, in dem eine Echse lebt, die sogar im Wasser überleben kann und dort ihr Futter sucht. Um Felix in seinem spezifischen naturkundlichen Interesse und entsprechend seinem Kenntnisstand zu fördern, sind aufseiten der Erzieherin nun im Sinne einer begabungsförderlichen Grundhaltung verschiedene Kompetenzen gefragt. (Die Aufzählung erfolgt beispielhaft.)

- Fachkompetenz: Wissen zu möglichen Merkmalen besonders begabter Kinder, im Fall von Felix z. B. differenzierter Wortschatz, detailreiches Wissen, hohe intrinsische Motivation bei selbst gewählten Lernthemen; Wissen um die Bedeutung herausfordernden Lernens für die Entfaltung von Begabungen.
- Methodenkompetenz: Fähigkeit, das weitere Gespräch im Morgenkreis so zu gestalten, dass Interesse, Ressourcen und Bedürfnisse von Felix deutlich werden; Schaffen einer Lerngelegenheit für Felix auf seinem Fähigkeitsniveau und mit der Möglichkeit zum gemeinsamen Spielen/Lernen mit anderen Kindern.
- Selbstkompetenz: Reflexion eigener Denkmuster und Vorurteile gegenüber besonders begabten Kindern und möglicherweise gegenüber spezifischen Eigenschaften von Felix; Reflexion der eigenen Fähigkeit, Felix angemessene pädagogische Angebote zu machen.

> Eine ressourcenorientierte und dialogische Grundhaltung spielt eine Schlüsselrolle.

- Sozialkompetenz: Fähigkeit, Felix seine Begeisterung als etwas Positives zu spiegeln; Fähigkeit, eigene Beobachtungen und Ideen zur Förderung von Felix in das Team einzubringen; Austausch mit den Eltern über die Beobachtungen im Kita-Alltag und zu Fragen von Felix' Förderung. ■

3. Fort- und Weiterbildung

Das Beispiel von Felix zeigt, dass Fort- und Weiterbildungen zur Begabungs- und Begabtenförderung nicht darauf beschränkt bleiben können, etwas „Faktenwissen“ über das Phänomen Hochbegabung zu erlernen. Vielmehr sollte eine Kompetenzerweiterung in allen vier Bereichen (Fach-, Methoden-, Selbst-, Sozialkompetenz) angestrebt werden. Das erfordert zum einen, letztlich alle relevanten Tätigkeitsbereiche von Fachkräften in Kitas zu betrachten – von der Beobachtung und Dokumentation und der individuellen Förderung über die Zusammenarbeit mit den Eltern bis hin zur Gestaltung des Übergangs von der Kita in die Grundschule. Denn die Begabungs- und Begabtenförderung stimmt grundsätzlich mit den aktuell im Fachdiskurs geteilten Prinzipien einer guten frühkindlichen Bildungspraxis überein. Es ist jedoch erforderlich, diese Bildungspraxis im Hinblick auf die spezifischen Bedürfnisse besonders begabter Kinder zu reflektieren (vgl. hierzu auch Koop/Riefling 2017). Zum anderen sollten Fachkräfte natürlich auch die wesentlichen Diskurse und empirischen Befunde zum Thema Hochbegabung kennen. Das ermöglicht ihnen die kritische Reflexion eigener Alltagsannahmen, aber auch das Treffen begründeter Entscheidungen zum fachlichen Vorgehen im pädagogischen Alltag.

Neben diesen Grundüberlegungen muss der Vollständigkeit halber erwähnt werden, dass die Einordnung des Themas Hochbegabung in das Tätigkeitsfeld der frühkindlichen Bildung selbst noch in den „Kinderschuhen“ steckt. Daher erfordert die Weiterbildung in diesem Feld immer auch die Bereitschaft, Erkenntnisse, die in Bezug auf andere Altersgruppen erworben wurden, auf das junge Alter von Kita-Kindern anzuwenden, sich vielfältig zu vernetzen und die Weiterentwicklung der personenbezogenen Kompetenzen als Prozess zu betrachten. Dabei ist es hilfreich, wenn sowohl Einrichtungsleitung als auch Träger diese Entwicklungen durch geeignete Maßnahmen unterstützen, damit die angemessene Förderung auch besonders begabter Kinder in Kitas nicht nur von dem hohen Interesse und Engagement einzelner Fachkräfte abhängt, sondern zu einem selbstverständlich etablierten Thema der Einrichtungskonzeptionen wird.

Den pädagogischen Alltag auch im Hinblick auf die Bedürfnisse begabter Kinder reflektieren

■ **Praxisbeispiel:** Schmitt und Büttner (2017) berichten von einem Beispiel, wie eine solche Unterstützung durch den Träger aussehen kann. In einem anfangs von der Karg-Stiftung geförderten Projekt etablierte der kommunale Träger der Stadt Maintal einen quartalsweise stattfindenden Arbeitskreis, in den verpflichtend jede der 12 kommunalen Einrichtungen eine Fachkraft entsendete. (Dieses Vorgehen erfolgt bei dem Träger schon seit vielen Jahren für diverse Themen und stellt ein Instrument der kontinuierlichen Qualitätsentwicklung dar.) Mit diesem Vorgehen und der damit verbundenen Bereitstellung von Personalressourcen (u. a. für die Leitung des Arbeitskreises) schuf der Träger eine wesentliche Voraussetzung für die Etablierung des Themas in allen seinen Einrichtungen. Ein Tandem aus einer Psychologin der Beratungsstelle „Mainkind“ der Goethe-Universität Frankfurt und zwei in der Begabungs- und Begabtenförderung fortgebildeten Fachkräften des Familienzentrums Ludwig-Uhland-Straße vermittelte während der Arbeitskreistreffen interdisziplinär Wissen und bot den Fachkräften Raum zur Reflexion von Umsetzungsfragen im päda-

> Fachkräfte sollten die wesentlichen Diskurse und empirischen Befunde zum Thema Hochbegabung kennen.

gogischen Alltag. Die Fachkräfte wurden so im Laufe des Projektes kontinuierlich zu Fragen des Erkennens und Förderns von Kindern mit besonderen Begabungen sensibilisiert und qualifiziert. Im Laufe des Prozesses übernahmen sie zum einen eine wichtige Multiplikator*innenfunktion innerhalb der eigenen Einrichtung, zum anderen hatten die teilnehmenden Fachkräfte eine wichtige Rolle in der Etablierung eines niederschwelligen Beratungsangebotes im Familienzentrum Ludwig-Uhland-Straße. Dabei wurde das Ziel verfolgt, eine entwicklungs- und begabungspsychologische Beratung auch Eltern aus eher bildungsfernen Schichten zu ermöglichen, die erfahrungsgemäß von selbst kaum Beratungsstellen aufsuchen. Die Fachkräfte unterstützten beim Abbau von Hemmschwellen sowie bei der Umsetzung von Förderempfehlungen aus den Beratungsgesprächen (vgl. dazu Schmitt/Büttner 2017 und 2016). Als besonderen Wirksamkeitsnachweis des Projekts kann gewertet werden, dass der Träger sowohl den Arbeitskreis als auch das Beratungsangebot über die Dauer der Projektförderung hinaus etablierte. ■

> Die Strukturen und Prozesse einer Kita beeinflussen maßgeblich den Handlungsspielraum der Fachkräfte.

4. Einrichtungsentwicklung

Als dritte Komponente für den Weg zu einer inklusiven Begabungs- und Begabtenförderung sind schließlich Aspekte der Einrichtungsentwicklung von Bedeutung. Die Strukturen und Prozesse, die in einer Kita etabliert sind, beeinflussen maßgeblich den Handlungsspielraum der Fachkräfte. Eine Fachkraft in einer Einrichtung, die offen und unter Nutzung von Lernwerkstätten arbeitet, kann besonders begabten Kindern andere Angebote machen als eine Fachkraft in einer Kita mit festen oder altershomogenen Gruppen. Sind die Prozesse rund um die Beobachtung und Dokumentation kindlicher Entwicklungsverläufe geklärt und fest etabliert, erleichtert das Fachkräften die regelmäßige Durchführung und Reflexion von Beobachtungen. Und nur wenn stärken- und ressourcenorientierte Verfahren genutzt werden, können auch besondere Begabungen von Kindern erkannt werden usw. Wird die inhaltliche Auseinandersetzung mit der Begabungs- und Begabtenförderung (z. B. in Weiterbildungen oder Arbeitskreisen) durch Maßnahmen der Einrichtungsentwicklung flankiert, unterstützt das die nachhaltige Umsetzung von Erkenntnissen in die Praxis. Prozesse der Einrichtungsentwicklung erfordern letztlich ein Bekenntnis von Träger, Leitung und Fachkräften und fördern damit die Selbstverpflichtung der Kita, bestehende Strukturen und Prozesse zu reflektieren und ggf. so anzupassen, dass sie die erfolgreiche Umsetzung neu erlernter Kompetenzen begünstigen (vgl. Koop/Riefling 2017; Fiebeler/Seddig 2020). Voraussetzung hierfür ist die Einbeziehung der Leitung und des gesamten Teams der Kita.

Zwei Aspekte

Entwicklungsprozesse von Organisationen umfassen oft zwei Aspekte: einen inhalts- und einen prozessbezogenen (vgl. Reineck/Anderl 2012). Bei der prozessbezogenen Komponente geht es um die Definition eigener Entwicklungsziele und die methodische Unterstützung, diese selbstständig zu realisieren. Beispielsweise möchte eine Kita die verwendeten Beobachtungsverfahren dahingehend überprüfen, ob sie geeignet sind, besonders begabte Kinder zu identifizieren. Eine Prozessbegleitung oder ein*e Coach*in hilft Leitung und Team, den Prozess so zu gestalten, dass die damit verbundenen Veränderungen mit Blick auf die konkreten Bedingungen dieser Einrichtung gelingen. Hinzu kommt, in Abhängigkeit vom Anlass für den Entwicklungsprozess, eine inhaltliche Komponente. Hierbei geht es um eine Expertenberatung, die Informationen, Fachwissen oder Erfahrungen weitergibt. In diesem Fall benötigt eine Kita zunächst vielleicht mehr Wissen darüber, wodurch sich besonders begabte Kinder auszeichnen und welche Beobachtungsverfahren besonders gut geeignet sind, um hohe Begabungen festzustellen. Diese Form der Beratung behandelt dann die Übertragung bereits erprobter fachlicher Konzepte oder Erkenntnisse aus der frühen Begabungs- und Begabtenförderung auf die Standortbedingungen der ratsuchenden Einrichtung. Letzteres kann beispielsweise durch das Aufsuchen von Konsultationseinrichtungen erfolgen (siehe Kapitel V). Im Folgenden soll genauer auf die prozessbezogenen Aspekte von Einrichtungsentwicklung eingegangen werden.

> Prozesse der Einrichtungsentwicklung erfordern ein Bekenntnis von Träger, Leitung und Team.

Veränderungsprozesse gestalten

Um Veränderungsprozesse erfolgreich zu gestalten, kann es sinnvoll sein, dass sich Kitas für die Kommunikation, Steuerung und Strukturierung solcher Vorhaben professionelle Unterstützung suchen. Das können Angebote der Fachberatung des Trägers, aber auch externe Coaches o. Ä.

sein. Das prinzipielle Vorgehen ist Kitas sicher aus anderen thematischen Kontexten bekannt. In diesem Fall würde eine Fachberatung oder ein Leitungs- und Team-Coaching den Entwicklungsprozess einer Einrichtung mit dem spezifischen Fokus auf der Begabungs- und Begabtenförderung zeitlich befristet unterstützen. Im Mittelpunkt des Prozesses stehen die standortspezifischen Entwicklungsziele der Einrichtung. Zunächst reflektiert das Team die Strukturen, Prozesse und Ergebnisse, die es in seiner Arbeit leiten. Darauf aufbauend können Entwicklungsfelder identifiziert und abgeleitete Ziele realisiert werden. Dabei finden eigene Wege und Vorlieben Berücksichtigung. So werden die Ressourcen der Einrichtung wie der einzelnen Fachkräfte mobilisiert, künftige pädagogische und strukturelle Herausforderungen in der Begabungsförderung erfolgreich zu meistern.

Bedeutsam für erfolgreiche Einrichtungsentwicklungsprozesse ist demnach bereits die Phase der Zielfindung. Die Entwicklungsziele müssen zu Beginn des Prozesses noch nicht vollständig geklärt sein, sondern sollten mithilfe geeigneter Instrumente im Laufe des Prozesses ermittelt werden. Exemplarisch wird im Kasten links eine Methode vorgestellt, die speziell für die Arbeit in Kindertageseinrichtungen entwickelt wurde: „Die Karg Situationsanalyse – Potenziale in der Begabungs- und Begabtenförderung“.

INSTRUMENT DER KARG-STIFTUNG

„Die Karg Situationsanalyse – Potenziale in der Begabungs- und Begabtenförderung“ (Fiebeler/Seddig 2020) ist als stärken- und ressourcenorientierte Ist-Stand-Erhebung angelegt und soll den Grundstein für die Weiterentwicklung von Einrichtungen im Bereich der begabungssensiblen Förderung legen. Sie ermöglicht Kitas nachhaltige konzeptionelle, handlungsbezogene und strukturelle Veränderungen. Die Situationsanalyse dauert 3,5 Stunden und ist so konzipiert, dass sie den aktuellen Entwicklungsstand und die Entwicklungsziele der jeweiligen Einrichtung erfasst. Daraus werden dann nächste Handlungsschritte abgeleitet. Eine Moderatorin bzw. ein Moderator (dies kann eine Person innerhalb oder außerhalb der Einrichtung sein) führt durch die Fortbildung, welche vor Ort stattfindet – idealerweise mit dem gesamten Team. Das Instrument, das als Kartensatz aufgebaut ist, kann sowohl für die Arbeit in der eigenen Kita genutzt werden als auch von Berater*innen oder Fortbildner*innen, die mit einer Einrichtung zusammenarbeiten. Eine Publikation der Methode ist in Vorbereitung. Ansprechpartnerin: Dr. Nadine Seddig, nadine.seddig@karg-stiftung.de.

Literatur

Andresen, S./Seddig, N./Künstler, S. (2013): Schulfähigkeit des Kindes und Befähigung der Eltern. Empirische und normative Fragen an die „Einschulung" der Familie. In: Bildungsforschung, 1/2013, S. 45–63.

Arnold, D./Großgasteiger, I. (2014): Ressourcenorientierte Hochbegabtenberatung. Weinheim, Basel: Beltz.

Arnold, D./Preckel, F. (2011): Hochbegabte Kinder klug begleiten. Ein Handbuch für Eltern. Weinheim, Basel: Beltz.

Backes, S./Künkler, N. (2015): Kompetent beobachten: Sehen – Verstehen – Handeln. Dokumentationsmappe mit Beobachtungsbögen und umfassendem Leitfaden zur Bildungsdokumentation. Für Kinder vom ersten Lebensjahr bis zum Schuleintritt. Freiburg: Herder.

Berger, N./Schneider, W. (2017): Gruppendynamik und Begabungsförderung. In: Koop, C./Riefling, M. (Hrsg.): Alles eine Frage der Haltung!? Begabtenförderung in der Kindertagesstätte. Frankfurt a. M.: Karg-Stiftung, S. 19–25.

Calvert, K. (2020): 52 Bildkarten zum Philosophieren mit Kindern. 2. erweiterte Auflage, Weinheim, Basel: Beltz.

Card, D./Giuliano, L. (2016): Universal screening increases the representation of low-income and minority students in gifted education. In: Proceedings of the National Academy of Sciences of the United States of America, 48/2016, S. 13678–13683.

CJD Nürnberg (2019): Jahresbericht 2019. Unveröffentlichtes Manuskript.

Cloos, P./Schulz, M. (2011): Kindliches Tun beobachten und dokumentieren. Perspektiven auf die Bildungsbegleitung in Kindertageseinrichtungen. Weinheim, Basel: Beltz Juventa.

Fiebeler, A./Seddig, N. (2020): Die Karg Situationsanalyse. Potenziale in der Begabungs- und Begabtenförderung. Unveröffentlichtes Manuskript.

Forstmeier, S. (2012): Projektarbeit in der Kindertagesstätte. Eine empfohlene Methode für das Entdecken, die Begleitung, Förderung und Integration hochbegabter Kinder. Unveröffentlichtes Manuskript.

Hirschbolz-Ter, B. (2019): Wer lehrt Physik in der Kita? Frühes Service Learning. In: TPS – Theorie und Praxis der Sozialpädagogik, 3/2019, S. 8–11.

Hoffsommer, J./Koop, C. (2017): Partizipation und Hochbegabung. In: Koop, C./Riefling, M. (Hrsg.): Alles eine Frage der Haltung!? Begabtenförderung in der Kindertagesstätte. Frankfurt a. M.: Karg-Stiftung, S. 43–49.

Hußmann, A./Wendt, H./Bos, W./Bremerich-Vos, A./Kasper, O./Lankes, E.-M./McElvany, N./Stubbe, T./Valtin, R. (Hrsg.) (2017): IGLU 2016. Lesekompetenzen von Grundschulkindern in Deutschland im internationalen Vergleich. Münster: Waxmann.

Jacob, A. (2016): Hochbegabte Kinder in der Beratung. Diagnostik und Hilfen für Familien. Weinheim, Basel: Beltz Juventa.

Kiso, C./Lotze, M./Behrensen, B. (2014): Ressourcenorientierung in KiTa und Grundschule. https://www.nifbe.de/images/nifbe/Infoservice/Downloads/Themenhefte/Ressourcen_online.pdf (letzter Zugriff: 24.08.2020).

Kluczniok, K. (2012): Die vorzeitige Einschulung. Eine empirische Analyse zum Verlauf und zu Determinanten der Einschulungsentscheidung. Münster: Waxmann.

König, A. (2010): Interaktion als didaktisches Prinzip. Bildungsprozesse bewusst begleiten und gestalten. Troisdorf: Bildungsverlag EINS.

Koop, C./Preckel, F. (2015): Beratungsanliegen und -themen im Feld Hochbegabung. In: Koop, C./Jacob, A. (Hrsg.): Psychologische Beratung im Feld Hochbegabung. Frankfurt a. M.: Karg-Stiftung, S. 8–18.

Koop, C./Riefling, M. (2017): Schlussfolgerungen für die Weiterbildung von frühpädagogischen Fachkräften im Feld Hochbegabung. In: Koop, C./Riefling, M. (Hrsg.): Alles eine Frage der Haltung!? Begabtenförderung in der Kindertagesstätte. Frankfurt a. M.: Karg-Stiftung, S. 67–73.

Koop, C./Schenker, I./Müller, G./Welzien, S./Karg-Stiftung (Hrsg.) (2010): Begabung wagen. Ein Handbuch für den Umgang mit Hochbegabung in Kindertagesstätten. Weimar, Berlin: verlag das netz.

Koop, C./Seddig, N. (2020): Fragen & Antworten zu hoher kognitiver Begabung im Kita-Alter. Karg Hefte, Beiträge zur Begabtenförderung und Begabungsforschung, Sonderheft I. Frankfurt a. M.: Karg-Stiftung.

Koop, C./Seddig, N. (2021): Frühes Erkennen von hohen Begabungen. In: Müller-Oppliger, V./Weigand, G. (Hrsg.): Handbuch Begabung. Weinheim, Basel: Beltz, S. 260–273.

Koop, C./Welzien, S. (2010): Im Dialog mit Eltern. In: Koop, C./Schenker, I./Müller, G./Welzien, S./Karg-Stiftung (Hrsg.): Begabung wagen. Ein Handbuch für den Umgang mit Hochbegabung in Kindertagesstätten. Weimar, Berlin: verlag das netz, S. 339–345.

Laewen, H.-J./Andres, B. (2007): Forscher, Künstler, Konstrukteure. Werkstattbuch zum Bildungsauftrag von Kindertageseinrichtungen. 4. Auflage, Berlin: Cornelsen Scriptor.

Lehwald, G. (2017): Motivation trifft Begabung. Begabte Kinder und Jugendliche verstehen und gezielt fördern. Göttingen: Hogrefe.

Leu, H. R./Flämig, K./Frankenstein, Y./Koch, S./Pack, I./Schneider, K./Schweiger, M. (2007): Bildungs- und Lerngeschichten. Bildungsprozesse in früher Kindheit beobachten, dokumentieren und unterstützen. Weimar, Berlin: verlag das netz.

Lindemann, H. (2006): Konstruktivismus und Pädagogik. Grundlagen, Modelle, Wege zur Praxis. München: Reinhardt.

Macha, T./Petermann, F. (2017): Entwicklungsdiagnostische Verfahren: Ressourcen- und Risikoerkennung. In: Petermann, F./Wiedebusch, S. (Hrsg.): Praxishandbuch Kindergarten. Entwicklung von Kindern verstehen und fördern. Göttingen: Hogrefe, S. 133–152.

Marx, R. (2017): Nachhaltige Bildungsprozesse im Übergang von der Kita in die Grundschule – eine Evaluationsstudie zu Early Excellence in Deutschland. In: Heinz und Heide Dürr Stiftung (Hrsg.): Qualität in der frühkindlichen Bildung in Deutschland. Die Bewährung des Early Excellence-Ansatzes in verschiedenen sozialen Milieus. Berlin: o. A., S. 15–51.

Mayr, T./Bauer, C./Krause, M. (2012): KOMPIK. Beobachtungs- und Einschätzbogen für Kinder von 3,5 bis 6 Jahren. 2. Auflage, Gütersloh: Bertelsmann Stiftung.

Mayr, T./Bauer, C./Krause, M. (2014). KOMPIK – Eine Einführung. Begleitendes Handbuch für pädagogische Fachkräfte. Gütersloh: Bertelsmann Stiftung.

Perleth, C. (2010): Checklisten in der Hochbegabungsdiagnostik. In: Preckel, F./Schneider, W./Holling, H. (Hrsg.): Diagnostik von Hochbegabung. Göttingen: Hogrefe, S. 65–88.

Philp, A. (2011): SEHSTERN. Wie Kinder von der Kunst lernen. Bielefeld, Leipzig, Berlin: Kerber.

Pramling Samuelsson, I./Carlsson, M. A. (2007): Spielend lernen. Stärkung lernmethodischer Kompetenzen. Troisdorf: Bildungsverlag EINS.

Preckel, F. (2021): Das TAD-Framework. Ein Rahmenmodell zur Beschreibung von Begabung und Leistung unter einer Talententwicklungsperspektive. In: Müller-Oppliger, V./Weigand, G. (Hrsg.): Handbuch Begabung. Weinheim, Basel: Beltz, S. 274–287.

Preckel, F./Vock, M. (2013): Hochbegabung. Ein Lehrbuch zu Grundlagen, Diagnostik und Fördermöglichkeiten. Göttingen: Hogrefe.

Preckel, F./Vock, M./Koop, C. (2020): Fragen und Antworten zum Thema Hochbegabung. Karg Hefte, Beiträge zur Begabtenförderung und Begabungsforschung, Sonderheft II. Frankfurt a. M.: Karg-Stiftung.

Racherbäumer, K. (2009): Hochbegabte Schulanfängerinnen und Schulanfänger. Münster: Waxmann.

Reineck, U./Anderl, M. (2012): Handbuch Prozessberatung. Weinheim, Basel: Beltz.

Rohrmann, S./Rohrmann, T. (2017): Begabte Kinder in der KiTa. Stuttgart: Kohlhammer.

Rost, D. H. (Hrsg.) (1993): Lebensumweltanalyse hochbegabter Kinder. Göttingen: Hogrefe.

Rost, D. H. (2013): Handbuch Intelligenz. Weinheim: Beltz.

Ruckdeschel, R. (2017): Von und mit Kindern lernen – Metakognition in der Kita?! Ein Erfahrungsbericht aus der Hans-Georg Karg Kindertagesstätte. In: Koop, C./Riefling, M. (Hrsg.): Alles eine Frage der Haltung!? Begabtenförderung in der Kindertagesstätte. Frankfurt a. M.: Karg-Stiftung, S. 30–37.

Ruckdeschel, R./Mull, C. (2015). Inklusion und Partizipation im Konzept der Hans-Georg Karg Kindertagesstätte. In: Reichert-Garschhammer, E./Kieferle, C./Wertfein, M./Becker-Stoll, F. (Hrsg.): Inklusion und Partizipation – Vielfalt als Chance und Anspruch. Göttingen: Vandenhoeck & Ruprecht, S. 97–109.

Schäfer, G. E./von der Beek, A. (2013): Didaktik in der frühen Kindheit. Von Reggio lernen und weiterdenken. Weimar, Berlin: verlag das netz.

Schenker, I. (2010a): Theoretische Grundlagen einer Didaktik der Förderung hochbegabter Kinder in Kindertageseinrichtungen. In: Koop, C./Schenker, I./Müller, G./Welzien, S./Karg-Stiftung (Hrsg.): Begabung wagen. Ein Handbuch für den Umgang mit Hochbegabung in Kindertagesstätten. Weimar, Berlin: verlag das netz, S. 71–94.

Schenker, I. (2010b): Spielen ist Lernen – das Konzept der Entwicklungspädagogik. In: Koop, C./Schenker, I./Müller, G./Welzien, S./Karg-Stiftung (Hrsg.): Begabung wagen. Ein Handbuch für den Umgang mit Hochbegabung in Kindertagesstätten. Weimar, Berlin: verlag das netz, S. 293–305.

Schenker, I. (2010c): Inklusive Hochbegabtenförderung in der Kindertagesstätte. In: Koop, C./Schenker, I./Müller, G./Welzien, S./Karg-Stiftung (Hrsg.): Begabung wagen. Ein Handbuch für den Umgang mit Hochbegabung in Kindertagesstätten. Weimar, Berlin: verlag das netz, S. 271–289.

Schmitt, K./Büttner, G. (2016): Niederschwellige Elternberatung zu lern- und entwicklungspsychologischen Fragestellungen. Erprobung eines aufsuchenden Beratungsansatzes. In: Frühe Bildung, 4/2016, S. 218–221.
Schmitt, K./Büttner, G. (2017): Aufeinander zugehen. Stärkung von Bildungsgerechtigkeit durch Beratung in und für Kindertagesstätten. In: Koop, C./Riefling, M. (Hrsg.): Alles eine Frage der Haltung!? Begabtenförderung in der Kindertagesstätte. Frankfurt a. M.: Karg-Stiftung, S. 54–57.
Schneider, W./Niklas, F. (2017): Kognitive Entwicklung. In: Petermann, F./Wiedebusch, S. (Hrsg.): Praxishandbuch Kindergarten. Entwicklung von Kindern verstehen und fördern. Göttingen: Hogrefe, S. 15–39.
Schwer, C./Solzbacher, C. (Hrsg.) (2014): Professionelle pädagogische Haltung. Historische, theoretische und empirische Zugänge zu einem viel strapazierten Begriff. Bad Heilbrunn: Klinkhardt.
Seddig, N. (2019): Die subjektive Perspektive von Kindern im Übergang von der Kindertageseinrichtung in die Grundschule. http://publikationen.ub.uni-frankfurt.de/frontdoor/index/index/docId/54821 (letzter Zugriff: 24.08.2020).
Steenbuck, O. (2010): Übergänge gestalten: Kooperation von Kindertagesstätte und Grundschule. In: Koop, C./Schenker, I./Müller, G./Welzien, S./Karg-Stiftung (Hrsg.): Begabung wagen. Ein Handbuch für den Umgang mit Hochbegabung in Kindertagesstätten. Weimar, Berlin: verlag das netz, S. 373–399.
Tietze, W. et al. (Hrsg.) (2012): NUBBEK – Nationale Untersuchung zur Bildung, Betreuung und Erziehung in der frühen Kindheit. http://www.nubbek.de/media/pdf/NUBBEK%20Broschuere.pdf (letzter Zugriff: 24.08.2020).
Vandenbussche, E./Laevers, F. (Hrsg.) (2009): Beobachtung und Begleitung von Kindern. Arbeitsbuch zur Leuvener Engagiertheits-Skala. 3. erweiterte und überarbeitete Auflage, Erkelenz: Berufskolleg Erkelenz.
van Dieken, C. (2011): Lernwerkstattarbeit in Kitas. DVD. Weimar, Berlin: verlag das netz.
Vock, M./Preckel, F./Holling, H. (2007): Förderung Hochbegabter in der Schule. Evaluationsbefunde und Wirksamkeit von Maßnahmen. Göttingen: Hogrefe.

Impressum

wissen kompakt: Hochbegabung bei Kindern erkennen und begleiten ist ein Sonderheft von kindergarten heute – Das Fachmagazin für Frühpädagogik

Redaktion
Silke Dittmar (verantw.)
Tel. 0761/2717-209
E-Mail: dittmar@herder.de

Carolin Küstner
Tel. 0761/2717-331
E-Mail: kuestner@herder.de

Anschrift der Redaktion
Hermann-Herder-Str. 4
79104 Freiburg
Tel. 0761/2717-322
E-Mail: redaktion@kindergarten-heute.de
www.kindergarten-heute.de

Verlag

www.herder.de

Bildnachweis
Titelfoto und Innenfotos: Hartmut W. Schmidt, Freiburg

Layout, Satz und digitale Bearbeitung
rsrdesign, Wiesbaden, www.rsrdesign.de

Druck
Medienhaus Plump GmbH, Rheinbreitbach

Leserservice
Verlag Herder GmbH
Hermann-Herder-Str. 4
79104 Freiburg
Tel. 0761/2717-379 oder 0761/2717-244
Fax: 0761/2717-249
E-Mail: kundenservice@herder.de

Gedruckt auf chlorfrei gebleichtem Papier

Printed in Germany

Titelnummer: 327
ISBN Print: 978-3-451-00327-1
ISBN E-Book (PDF): 978-3-451-82193-6